古文名句600句

傅玉芳 —— 编

上海大学出版社

图书在版编目（CIP）数据

看几页，就到站了：古文名句 600 句 / 傅玉芳编.
上海：上海大学出版社，2024.8. -- ISBN 978-7-5671-5050-8

Ⅰ. H136.3

中国国家版本馆 CIP 数据核字第 20247SA815 号

责任编辑　庄际虹
书籍设计　缪炎栩
技术编辑　金　鑫　钱宇坤

看几页，就到站了
——古文名句 600 句

傅玉芳 编

出版发行	上海大学出版社出版发行
地　　址	上海市上大路 99 号
邮政编码	200444
网　　址	www.shupress.cn
发行热线	021-66135109
出 版 人	戴骏豪
印　　刷	句容市排印厂
经　　销	各地新华书店
开　　本	787mm×1092mm　1/32
印　　张	7.5
字　　数	150 千
版　　次	2024 年 9 月第 1 版
印　　次	2024 年 9 月第 1 次
书　　号	ISBN 978-7-5671-5050-8/H·437
定　　价	56.00 元

版权所有　侵权必究
如发现本书有印装质量问题请与印刷厂质量科联系
联系电话：0511-87871135

目录
contents

001	自然风光	
017	品行修养	
041	为人处世	
055	人生境遇	

061	习艺为学	
083	贫富俭奢	
091	名声荣誉	
099	成败得失	

109	谋略手段	
115	军事较量	
125	世态习俗	
135	治国安邦	
147	商贸交易	

153	举贤纳谏	
165	法制礼仪	
175	家庭婚姻	
183	惜时感怀	
197	评诗论文	
209	喜庆游乐	
219	生活哲理	

01 / 自然风光
ZIRAN FENGGUANG

- 石韫玉而山辉,水怀珠而川媚。

  ◇ [晋]陆机《文赋》

  韫:包含,蕴藏。两句的大意是:山因石头中蕴藏着璞玉而生辉,水因为孕怀着珍珠而秀媚。

- 忽逢桃花林,夹岸数百步,中无杂树,芳草鲜美,落英缤纷。

  ◇ [晋]陶渊明《桃花源记》

  几句描写桃花源迷人的景色:两岸数百步的地方都是桃树,中间没有一棵别的树,芳草鲜艳美丽,落花纷繁多姿。

- 阡陌交通,鸡犬相闻。

  ◇ [晋]陶渊明《桃花源记》

  两句描写桃花源和平安宁的环境。

- 舟摇摇以轻飏,风飘飘而吹衣。

  ◇ [晋]陶渊明《归去来兮辞》

  两句描写归舟轻缓地行驶着,微风轻轻地吹拂着衣襟。

自然风光
ZIRAN FENGGUANG

- 天与水兮相逼,山与云兮共色。山则苍苍入汉,水则 涓涓不测。

  ◇ [南朝·梁]萧绎《荡妇秋思赋》

  几句描写清秋气象,水绵延而入天,天水相逼;山巍峨而刺云,云山一色,可谓素笔淡彩,出神入化。

- 阳春召我以烟景,大块假我以文章。

  ◇ [唐]李白《春夜宴桃李园序》

  大块:天地。文章:指色彩斑斓的图案。两句的意思是温和的春天用淡烟轻霭把我召来,天地间的万物以色彩斑斓的图案向我展现。

- 两岸连山,略无阙处。重岩叠嶂,隐天蔽日。

  ◇ [北魏]郦道元《水经注·三峡》

  几句描写三峡全景:那耸峙两岸的群峰,拔地而起的叠嶂,占据了天空,遮蔽了云日。

- 爽籁发而清风生,纤歌凝而白云遏。

  ◇ [唐]王勃《滕王阁序》

  爽籁:排箫。遏:停留。两句的大意是:悠扬的箫管声引来徐徐清风,柔美的歌声令白云停留。

- 寒山远火,明灭林外。深巷寒犬,吠声如豹。村墟夜舂,复与疏钟相间。

  ◇ [唐]王维《山中与裴迪秀才书》

  几句描写了岁末寒冬的山间景致,远火、犬吠、疏钟,所见所闻,切实逼真。

自然风光
ZIRAN FENGGUANG

- 苔痕上阶绿,草色入帘青。

  ◇ [唐]刘禹锡《陋室铭》

  两句描写陋室环境的幽静清雅,"上""入""绿""青"四个字把静景写活,流露出作者对陋室的喜爱之情。

- 巴陵胜状,在洞庭一湖。

  ◇ [宋]范仲淹《岳阳楼记》

  巴陵:宋代郡名,在今湖南岳阳。胜状:美好景色。两句以巴陵美好的景色集中在洞庭湖上,概括点明巴陵与洞庭湖的关系。

- 淫雨霏霏,连月不开。阴风怒号,浊浪排空;日星隐曜,山岳潜形;商旅不行,樯倾楫摧;薄暮冥冥,虎啸猿啼。

  ◇ [宋]范仲淹《岳阳楼记》

  淫雨:连绵不断的雨。排空:冲向天空。樯:桅杆。楫:船桨。冥冥:昏暗不明。几句排比,极写阴雨绵绵中的洞庭湖特有的凄凉恐怖的景象。

- 沙鸥翔集,锦鳞游泳;岸芷汀兰,郁郁青青。

    ◇ [宋]范仲淹《岳阳楼记》

    沙鸥:一种水鸟。集:停息。芷:一种香草。汀:水中的小洲。几句描写洞庭湖畔鸟飞鱼泳、芷香兰翠的一派生机勃勃的景象。

- 春和景明,波澜不惊。上下天光,一碧万顷。

    ◇ [宋]范仲淹《岳阳楼记》

    景:日光。在阳光明媚的日子里,洞庭湖天色湖光相接,一片碧绿、恬静的景色。

- 衔远山,吞长江,浩浩汤汤,横无际涯。

    ◇ [宋]范仲淹《岳阳楼记》

    衔:吞。汤汤:水势盛大的样子。涯:边。几句极写洞庭湖湖面的宽阔无垠。

自然风光
ZIRAN FENGGUANG

● 渐闻水声潺潺，而泻出于两峰之间者，酿泉也。

◇ [宋]欧阳修《醉翁亭记》

泻：很快地流。酿泉：可以酿造为酒的泉水。几句先写听到水声，后写看到泉水，将酿泉的出现描写得自然而真实。

● 纵一苇之所如，凌万顷之茫然。

◇ [宋]苏轼《赤壁赋》

纵：任凭。一苇：小舟。所如：所能航行之处。凌：渡越。万顷：宽阔的江面。茫然：旷远迷茫的样子。两句以"一苇"与"万顷"作比，极言江面的宽阔。

● 清风徐来，水波不兴。

◇ [宋]苏轼《赤壁赋》

徐：慢慢地。两句的大意是：清风慢慢地吹来，水面没有波涛涌起。

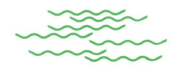

- 山鸣谷应,风起水涌。

  ◇ [宋]苏轼《后赤壁赋》

  应:应答。两句描写大风刮起后在山谷间的回声以及水面波涛汹涌的景象。

- 江流有声,断岸千尺,山高月小,水落石出。

  ◇ [宋]苏轼《后赤壁赋》

  断岸:绝壁。几句描写长江的波涛以及两岸的峭壁,以"月小"衬托高耸的山峰,以"石出"描写江水的潮起潮落。

- 昼则舟楫出没于其前,夜则鱼龙悲啸于其下。

  ◇ [宋]苏辙《黄州快哉亭记》

  舟楫:船只。两句用词豪放、粗犷,将在快哉亭上览观舟驰鱼跃的形胜之快写得惊心骇目。

自然风光
ZIRAN FENGGUANG

- 天为山欺,水求石放。

　　◇ [明]王思任《小洋》

　　小洋:浙江省境内的恶溪,其下游叫小洋。两句描写小洋两岸的高山及小洋中的滩石:天好像受了它的欺负,都显得比它矮了;河水从众多的岩石间湍急地流过,好像恳求岩石放它通过似的。

- 日晃晃而烁也,雨霏霏而细也,草摇摇而碧也。

　　◇ [明]袁宏道《游苏门山百泉记》

　　几句描写耀人眼目的日光和清幽翠绿的景色:阳光照耀而水面波光闪烁,细雨霏霏而分外绵密柔和,纤草招摇而碧色诱人。

- 柳贵乎垂,不垂则可无柳。柳条贵长,不长则无袅娜之致,徒垂无益也。

　　◇ [清]李渔《柳》

　　致:情趣。徒:只。柳树的可贵之处在于垂,柳条的可贵之处在于长,不垂、不长就没有柔长摇曳的情致。

- 春生者繁华，秋荣者零悴。

　　　　　　　◇ ［三国·魏］应璩《与侍郎曹长思书》

　　零：草木凋落。悴：憔悴。两句描写春秋两季的草木：春天草木繁茂，秋天草木凋零。

- 日出天而曜景，露下地而腾文。

　　　　　　　◇ ［南朝·梁］江淹《别赋》

　　曜景：光辉照耀。腾文：形容露珠在草木上闪烁。两句描写早晚的自然景色。

- 暮春三月，江南草长，杂花生树，群莺乱飞。

　　　　　　　◇ ［南朝·梁］丘迟《与陈伯之书》

　　几句描写迷人的江南春景：繁乱的鲜花开遍，喧鸣的群莺飞舞。

- 素湍绿潭，回清倒影。

　　　　　　　◇ ［北魏］郦道元《水经注·三峡》

　　两句描写春冬之时三峡别具清奇秀脱的模样：碧绿的潭水，浮漾着峰峦花树的倒影。

自然风光
ZIRAN FENGGUANG

- 落霞与孤鹜齐飞，秋水共长天一色。

　　◇　［唐］王勃《滕王阁序》

　　鹜：野鸭子。两句将秋色描写得色彩明丽，动静相谐，景色高远而飘逸生动：蓝天碧水相接，红霞飘浮天际，白鹜在红霞下飞翔。

- 听春鸟于春朝，闻秋虫于秋夜。

　　◇　［唐］卢照邻《释疾文·悲夫》

　　两句以春鸟鸣于春朝、秋虫低吟于秋夜，表现四时的更替与万物的变化。

- 星斗张明，错落水中，如珠走镜，不可收拾。

　　◇　［宋］王质《游东林山水记》

　　几句描写星斗在溪中的倒影：星斗明亮，错杂地映入水中，好像珍珠在镜面上滚动，又无法捡拾起来。

- 朝晖夕阴,气象万千。

　　◇ [宋]范仲淹《岳阳楼记》

　　晖:日光。阴:昏暗。两句概写岳阳楼从晴朗的早晨到昏暗的傍晚的景色变化。

- 长烟一空,皓月千里,浮光跃金,静影沉璧,渔歌互答,此乐何极!

　　◇ [宋]范仲淹《岳阳楼记》

　　几句描写洞庭湖的夜景令人心旷神怡:大片的烟雾完全消失,皎洁的月亮普照千里,渔夫的歌声此起彼伏。

- 野芳发而幽香,佳木秀而繁阴,风霜高洁,水落而石出者,山间之四时也。

　　◇ [宋]欧阳修《醉翁亭记》

　　醉翁亭四周一年四季景色不同,其乐也无穷:春天野花盛开,散发出阵阵幽香;夏天树木枝叶繁茂,绿荫浓郁;秋天天高气爽,霜色洁白;冬天山寒水瘦,山石显露。

自然风光
ZIRAN FENGGUANG

- 日出而林霏开,云归而岩穴暝。

  ◇ [宋]欧阳修《醉翁亭记》

  林霏:林中弥漫的雾气。暝:昏暗。两句形象地描写了醉翁亭四周早晚的不同景色。

- 星月皎洁,明河在天。

  ◇ [宋]欧阳修《秋声赋》

  两句勾勒出一幅"月色明亮洁白,浩瀚银河悬挂在天"的夜色图。

- 丰草绿缛而争茂,佳木葱茏而可悦。

  ◇ [宋]欧阳修《秋声赋》

  绿缛:草色茂盛。两句描写秋天绿草茵茵、树木繁茂的自然景色。

- 春夏之交,草木际天,秋冬雪月,千里一色。

 ◇ [宋]苏轼《放鹤亭记》

 几句描写山岭四季景色:春夏之交,树木繁茂,与天际相连;秋冬时节,月光映着白雪,千里一色。

- 月出于东山之上,徘徊于斗牛之间。

 ◇ [宋]苏轼《赤壁赋》

 两句描写作者泛舟赤壁之下时所见到的景色:月亮从东山上出来,慢慢地运行在南斗和牵牛两星之间。

- 霜露既降,木叶尽脱,人影在地,仰见明月。

 ◇ [宋]苏轼《后赤壁赋》

 几句描写深秋夜晚皎洁的月光和清幽的景色。

- 月白风清,如此良夜何。

 ◇ [宋]苏轼《后赤壁赋》

 两句描写月色皎洁,微风送爽的迷人夜景。

自然风光
ZIRAN FENGGUANG

- 落日含半规,如胭脂初从火出。

  ◇ [明]王思任《小洋》

  两句描写落日:将要落山的太阳还露着半个圆,就像刚刚从火里取出来的胭脂。

- 三五之夜,明月半墙,桂影斑驳,风移影动,珊珊可爱。

  ◇ [明]归有光《项脊轩志》

  三五:指农历十五。几句描写十五的夜晚,月光普照、微风吹动的迷人景色。

- 鸡鸣月落,星光照旷野,百步见人。

  ◇ [清]魏禧《大铁椎传》

  几句描写破晓前的旷野景色。

- 月升树端,舟入金碧。

  ◇ [清]吴敏树《君山月夜泛舟记》

  两句描写月夜洞庭秀美的湖光山色:明月缓缓地升上树梢,小船荡漾在金光闪闪的湖面上。

02 / 品行修养
PINXING XIUYANG

- 树德莫如滋,去疾莫如尽。

  ◇ 《左传·哀公元年》

    去:除去。疾:毒害。尽:彻底。两句的大意是:好的思想品德是靠慢慢养成的,去除坏习惯要尽可能彻底。

- 君子学道则爱人,小人学道则易使也。

  ◇ 《论语·阳货》

    两句说明君子与小人修养德行的目的不同:君子修养德行是为了宽以待人,小人修养德行是为了使唤别人。

- 君子坦荡荡,小人长戚戚。

  ◇ 《论语·述而》

    两句以"君子胸怀宽广,无忧无虑;小人心胸狭窄,忧愁哀切"说明有修养的人应该心胸宽广,不能为一点小事而忧愁不已。

- 吾日三省吾身：为人谋而不忠乎？与朋友交而不信乎？传不习乎？

　　◇ 《论语·学而》

　　省：察看，检查。我每天都要从三个方面检查自己：替别人办事是否有诚意？与朋友交往是否讲信用？老师传授的知识是否及时复习？

- 过也，人皆见之；更也，人皆仰之。

　　◇ 《论语·子张》

　　两句的大意是：一个人有过错，别人都能看到；如果能改正错误，别人就会敬仰他。

- 见贤思齐焉，见不贤而内自省也。

　　◇ 《论语·里仁》

　　两句劝说人们看见品德优良的人就应该向他学习，看见品德低下的人就应该在内心自我反省有无类似的缺点。

- 里仁为美,择不处仁,焉得知。

◇ 《论语·里仁》

里:居住。择:指选择住处。处:居住。知:同"智",聪明。居住的地方以有仁风的地方为好,选择住处不选择有仁风的地方,怎么能算得上是聪明的呢?

- 其身正,不令而行;其身不正,虽令不从。

◇ 《论语·子路》

告诫为官者要以身作则:自身言行正当,即使不下命令,别人也会跟着行动;若自身言行不正当,即使三令五申,别人也不会听从。

- 知者不惑,仁者不忧,勇者不惧。

◇ 《论语·子罕》

知:同"智",聪明。惑:糊涂。聪明的人没有疑惑,仁爱的人没有忧愁,勇敢的人毫无惧怕。

- 君子之德风，小人之德草，草上之风必偃。

  ◇《论语·颜渊》

  风：像风一样。草：像草一样。偃：倒下。几句以"风""草"作比，说明树立德行的重要性。

- 老吾老，以及人之老；幼吾幼，以及人之幼。

  ◇《孟子·梁惠王上》

  两句意思是尊敬我的老人，并将它推广到尊敬别人的老人；爱护我的孩子，并将它推广到爱护别人的孩子。

- 天不为人之恶寒也辍冬，地不为人之恶辽远也辍广，君子不为小人之匈匈也辍行。

  ◇《荀子·天论》

  恶：讨厌。匈匈：同"讻讻"，吵吵嚷嚷。辍行：停止修善积德的行动。几句以天地不会因为人们讨厌寒冬和地方遥远而辍冬、辍广，阐述君子不会因为小人的吵嚷而停止修养自己的品德的道理。

- 君子崇人之德，扬人之美，非谄谀也；正义直指，举人之过，非毁疵也。

  ◇ 《荀子·不苟》

  直指：直截指出人的缺点。举：指出。毁疵：诽谤挑剔。几句赞美君子直言不讳的品德。

- 美成在久，恶成不及改。

  ◇ 《庄子·人间世》

  美：好。恶：坏。两句的大意是：良好品德的形成需要很长的时间，不良习气养成后难以改悔。

- 目察秋毫之末，耳不闻雷霆之音；耳调玉石之声，目不见太山之高。

  ◇ 《淮南子·俶真训》

  秋毫：比喻极细小的东西。调：能听。太山：泰山。两句以"不闻雷霆之音""不见太山之高"告诫人们做事情要专心致志，能做到目察秋毫，耳听玉石之声。

- 廉者,政之本也;让者,德之主也。

  ◇ 《晏子春秋·内篇杂下》

  两句告诫人们廉洁和谦让是为政的根本,是品德的主要方面。

- 君子独立不惭于影,独寝不惭于魂。

  ◇ 《晏子春秋·外篇八》

  不惭于影、不惭于魂:意思是自己反省,不做坏事,不内疚。两句以君子独自反省,因不做坏事而不感到内疚,说明品行端正的重要性。

- 身修然后可以理家,家治然后可以治官。

  ◇ [汉]桓宽《盐铁论·论诽》

  两句强调品行修养的重要性:自身修养好了,就可以把家治理好;家治理好了,就可以把官府治理好。

- 人之善恶,不必世族;性之贤鄙,不必世俗。

　　◇ [汉]王符《潜夫论·论荣》

　　世族:世代做官的大族。世俗:平庸之家。两句说明"人的品行善恶好坏,与家庭出身无关"的道理。

- 其言必信,其行必果,已诺必诚。

　　◇《史记·游侠列传》

　　几句赞美说话守信用、做事情一定有结果、答应别人的事一定真心去做的扶危济贫、排难解纷的精神。

- 举世混浊而我独清,众人皆醉而我独醒。

　　◇《史记·屈原贾生列传》

　　两句将"浊""醉"与"清""醒"对比,表达屈原不与世俗同流合污的高尚品质。

- 见人不正,虽贵不敬也;见人有污,虽尊不下也。

  ◇ 《史记·日者列传》

  下:居……下。意思是看到心术不正的人,其地位再高也不会尊重他;看到行为不端的人,其地位即使尊贵也不会甘居其下。

- 不患位之不尊,而患德之不崇。

  ◇ 《后汉书·张衡传》

  崇:高。两句的大意是:不担心地位不高,而担心道德修养不高。

- 傲不可长,欲不可纵,乐不可极,志不可满。

  ◇ [唐]魏徵《十渐不克终疏》

  傲:傲慢之心。欲:欲念,欲望。几句劝诫人们要谦虚谨慎,克服骄奢淫逸之心。

- 不求闻而人闻之,不求用而君用之。

◇ [唐]韩愈《争臣论》

求闻:希望名声传扬出去。君:君主。两句称赞谏议大夫阳城的学识德行为世人所仰慕。

- 懿德茂行,可以励俗。

◇ [唐]韩愈《祭薛中丞文》

懿德:美德。茂:美好。两句赞美高尚的品德和美好的行为,可以激励社会习俗的改进。

- 剑之锷,砥之而光;人之名,砥之而扬。

◇ [唐]舒元舆《贻诸弟砥石命》

锷:刀剑的刃。两句以剑喻人,谓人只有砥砺名节,才能保持刚正不阿。

品行修养
PINXING XIUYANG

- 出淤泥而不染,濯清涟而不妖,中通外直,不蔓不枝,香远益清,亭亭净植,可远观而不可亵玩焉。

    ◇ [宋]周敦颐《爱莲说》

    以莲花的外形,比喻君子的豁达胸怀与不攀附权贵的正直行为;以莲花的香气纯净远播,比喻君子美德的广为传播;以莲花的挺立之美,比喻君子独守节操、卓然自立的高洁气质。

- 云山苍苍,江水泱泱,先生之风,山高水长。

    ◇ [宋]范仲淹《严先生祠堂记》

    几句以"云山苍苍,江水泱泱",赞扬严光的高风亮节。

- 古之所谓豪杰之士,必有过人之节,人情有所不能忍者。

    ◇ [宋]苏轼《留侯论》

    几句大意是:古代所说的英雄豪杰,一定有与众不同的节操,有常人所不能达到的气度。

- 文不可以学而能,气可以养而致。

　　◇ [宋]苏辙《上枢密韩太尉书》

　　气:气质。致:取得。两句对"文"与"气"的关系作了阐述:文章不是光靠学习就能写好的,人的气质却可以通过修养而获得。

- 意诚而心正,心正而身修,身修而家齐,家齐而国治,国治而天下平。

　　◇ 《礼记·大学》

　　几句阐述"意念""心地""家庭""国家"与"天下"五者间的关系,强调人的意念诚实的重要性。

- 公则生明,廉则生威。

　　◇ [清]朱舜水《伯养说》

　　两句说明为政者必须公正廉明:公正就会心明眼亮,廉明就会产生威望。

- 君子务知大者、远者，小人务知小者、近者。

  ◇ 《左传·襄公三十一年》

  两句阐述君子与小人各自所追求的目标：君子致力于大事和远大目标，小人致力于小事和眼前利益。

- 三军可夺帅也，匹夫不可夺志也。

  ◇ 《论语·子罕》

  以"三军可以夺取统帅，但是不能够强迫一个平民百姓改变自己的志向"说明树立远大志向的重要性。

- 人之才有大小，而志有远近也。

  ◇ [宋]王安石《送陈升之序》

  两句表明人的才能与志向有所不同。

- 士不可以不弘毅，任重而道远。

   ◇ 《论语·泰伯》

   士：读书人。引曾子语：读书人"任重而道远"，不能没有远大的志向和坚强的意志。

- 志，气之帅也；气，体之充也。

   ◇ 《孟子·公孙丑上》

   两句阐述志向的重要性：志向是气质的统帅，气质表现在自身的各个方面。

- 鱼，我所欲也；熊掌，亦我所欲也。二者不可得兼，舍鱼而取熊掌者也。生，亦我所欲也；义，亦我所欲也。二者不可得兼，舍生而取义者也。

   ◇ 《孟子·告子上》

   几句以鱼与熊掌不可兼得为喻，阐述在"生"与"义"发生矛盾的情况下，应"舍生而取义"的道理。

- 天将降大任于是人也,必先苦其心志,劳其筋骨,饿其体肤,空乏其身,行拂乱其所为,所以动心忍性,曾益其所不能。

◇ 《孟子·告子下》

是人:这个人。拂:违背,不顺。所为:事先计划所要做的事。几句论述使人的性情坚韧、才能增加的有效途径:使这个人经受艰苦的磨炼并遭受穷困与挫折。

- 富贵不能淫,贫贱不能移,威武不能屈。

◇ 《孟子·滕文公下》

淫:惑乱,此为使动用法。几句告诫人们无论富贵、贫贱、威武,都不能改变自己的志向。

- 不积跬步，无以至千里；不积小流，无以成江海。骐骥一跃，不能十步；驽马十驾，功在不舍。锲而舍之，朽木不折；锲而不舍，金石可镂。

  ◇ 《荀子·劝学》

  几句连用多个比喻，说明积微而显、积少成多、积久而成的道理，劝诫人们必须重视积累，并且坚持不懈。

- 少而不学，长无能也；老而不教，死无思也；有而不施，穷无与也。

  ◇ 《荀子·法行》

  引孔子语说明人必须深谋远虑，有所追求：少年时不学习，年长了就没有才能；年老了不从事教育，死后就没有人思念他；富有时不肯把东西施舍给别人，贫穷的时候就没有人送东西相助。

- 胜人者有力，自胜者强。

  ◇ 《老子》三十三章

  告诫人们：只有战胜自己，才是真正的强者。

- 大器晚成,大音希声,大象无形,道隐无名。

  ◇ 《老子》四十一章

  希:少;一说没有。大象:事物的本原。道隐:意为"道"大之极。几句以"大器""大音""大象""道隐"比喻才能大的人,阐述了有才干、有志向的人往往需要经过长期的磨炼才能取得成就的道理。

- 大道之行也,天下为公。

  ◇ 《礼记·礼运》

  大道:人所遵循的道。两句表明孔子推行"道"的目标在于"天下为公",反映了他对理想社会的向往与追求。

- 卑而不失义,瘁而不失廉。

  ◇ 《晏子春秋·内篇问上》

  瘁:指贫困。两句的大意是:即使地位低下也不失去礼义,身处贫困也不失去廉洁。

- 风萧萧兮易水寒,壮士一去兮不复还。

 ◇ 《史记·刺客列传》

 萧萧:形容风声。两句描写荆轲勇入虎穴、视死如归的壮士形象。

- 燕雀安知鸿鹄之志哉!

 ◇ 《史记·陈涉世家》

 燕雀:比喻目光短浅的人。鸿鹄:天鹅,比喻志向远大的人。此句描写陈涉自比鸿鹄,表明自己的志向不凡,为伙伴的目光短浅而慨叹。

- 大丈夫当雄飞,安能雌伏。

 ◇ 《后汉书·赵典传》

 两句的大意是:大丈夫应当奋发有为,怎么能无所作为呢?

- 非淡泊无以明志,非宁静无以致远。

  ◇ [三国·蜀]诸葛亮《诫子书》

  两句的大意是:不清心寡欲就无法使志向明确,不平心静气就无法实现远大的目标。

- 臣鞠躬尽瘁,死而后已。至于成败利钝,非臣之明所能逆睹也。

  ◇ [三国·蜀]诸葛亮《后出师表》

  利钝:指事情的结果好坏。逆睹:预见。几句体现诸葛亮的忠肝义胆。意思是我只能不辞劳苦地、辛勤地贡献自己的一切,一直到死为止。至于事情的成功失败,不是我的聪明才智所能预见的。

- 不戚戚于贫贱,不汲汲于富贵。

  ◇ [晋]陶渊明《五柳先生传》

  戚戚:忧愁的样子。汲汲:急切的样子。两句表达作者所追求的理想人格:不为贫贱而忧愁,不为富贵而苦心追求。

- 大丈夫宁可玉碎，不能瓦全。

　　◇ 《北齐书·元景安传》

　　两句描写大丈夫宁愿为正义而献身，不愿苟全性命的气节与志向。

- 老当益壮，宁移白首之心；穷且益坚，不坠青云之志。

　　◇ ［唐］王勃《滕王阁序》

　　白首之心：指老人饱经沧桑的心情。青云之志：指高尚的志向。两句告诫人们不能因年华易逝和处境困顿而自暴自弃，应年纪老迈而情怀更加豪壮，境遇艰难而意志越发坚定。

- 进不为盈，退不为抑，荒凉昏默，卒不自克。

　　◇ ［唐］柳宗元《愚溪对》

　　盈：满足。抑：压抑。几句表达作者守拙不易的坚强意志和不屈的战斗精神。

- 务持重,不急近功小利。
  ◇ [宋]欧阳修《资政殿学士户部侍郎文正范公神道碑铭并序》

  两句劝告人们做任何事情都要谨慎稳重,不能因急功近利而丢掉远大的理想。

- 先天下之忧而忧,后天下之乐而乐。
  ◇ [宋]范仲淹《岳阳楼记》

  两句表达范仲淹所倡导的人生境界和远大志向:忧在天下人之前,乐在天下人之后。

- 立大事者,不惟有超世之才,亦必有坚忍不拔之志。
  ◇ [宋]苏轼《晁错论》

  意思是凡成就大业的人,不仅有出类拔萃的才能,而且必定有坚忍不拔的意志。

- 君子之所取者远,则必有所待;所就者大,则必有所忍。

  ◇ [宋]苏轼《贾谊论》

  几句论述"待"与"忍"的重要性:要想达到长远的目标,就必须等待;要想实现远大的志向,就必须有所忍耐。

- 仁者之勇,雷霆不移。

  ◇ [宋]苏轼《祭堂兄子正文》

  两句以"雷霆不移"表示意志坚决、毫不动摇。

- 人之学也,不志其大,虽多而何为?

  ◇ [宋]苏辙《上枢密韩太尉书》

  志:有志于。几句告诫人们:学习如果没有远大的志向,即使学问再多也是毫无用处的。

- 志不立,天下无可成之事。虽百工技艺,未有不本于志者。

  ◇ [明]王守仁《教条示龙场诸生》

  几句以"即使是各种工匠,也没有不是靠志气学成技艺的",阐述不树立远大的志向,天下就没有可成功的事的道理。

- 好风凭借力,送我上青云。

  ◇ [清]曹雪芹《红楼梦》第七十回

  两句以"借着东风的力量,登上碧蓝的云天"说明要把握时机,实现远大的理想。

03 / 为人处世

WEIREN CHUSHI

- 同声相应,同气相求。

    ◇ 《周易·乾》

    同类性质的事物互相感应,形容志趣相投的人自然地会结合在一起。

- 士为知己者死,女为悦己者容。

    ◇ 《战国策·赵策一》

    容:打扮。两句的大意是:大丈夫为知己舍身,女子为喜欢自己的人打扮。

- 君子怀德,小人怀土;君子怀刑,小人怀惠。

    ◇ 《论语·里仁》

    怀:怀念。土:乡土。刑:法度。惠:对自己的恩惠。意思是君子重视的是德行与法度,小人重视的是乡土和他人对自己的恩惠。

- 有朋自远方来,不亦乐乎?

◇ 《论语·学而》

朋:指孔子的弟子或志同道合的人。两句表明孔子的治学态度:志同道合的学友,在一起探讨琢磨,则会增进彼此的学业,所以是件快乐的事情。

- 人而无信,不知其可也!

◇ 《论语·为政》

两句告诫人们为人处世必须恪守信用。

- 君子食无求饱,居无求安,敏于事而慎于言,就有道而正焉,可谓好学也已。

◇ 《论语·学而》

几句强调做学问的人应该对衣食住所无所求,但要做事情勤快,说话小心谨慎。

- 益者三友，损者三友。友直，友谅，友多闻，益矣。友便辟，友善柔，友便佞，损矣。

   ◇ 《论语·季氏》

   谅：诚实。便辟：逢迎谄媚。善柔：当面奉承。便佞：善于花言巧语。与正直、诚实守信、见闻广博的人交朋友对自己有所帮助，与逢迎谄媚、阿谀奉承、巧言善辩的人交朋友对自己有损害。

- 往者不可谏，来者犹可追。

   ◇ 《论语·微子》

   谏：劝阻，挽回。追：赶上。两句的大意是：以往的行为固然已经无法挽回，但从现在开始还来得及。

- 人必自侮，然后人侮之。

   ◇ 《孟子·离娄上》

   两句的大意是：人必定是先有自取侮辱的行为，然后别人才会侮辱他。

- 父子有亲，君臣有义，夫妇有别，长幼有叙，朋友有信。

  ◇ 《孟子·滕文公上》

  叙：指尊卑之序。意思是父子、君臣、夫妇、长幼、朋友间相处，要讲究辈分的高低及地位的尊卑。

- 蓬生麻中，不扶而直；白沙在涅，与之俱黑。

  ◇ 《荀子·劝学》

  涅：可做黑色染料的矿石。几句比喻善恶无常，都是人的习惯形成的，接近好人就变好，接近坏人就会变坏。

- 闻之而不见，虽博必谬；见之而不知，虽识必妄；知之而不行，虽敦必困。

  ◇ 《荀子·儒效》

  谬：错误。识：记住。敦：厚，富。困：受窘。听到而没有见到，即使听到的很多，其中一定会有错误；见到而不知晓其中的事理，即使记住了，也一定会虚妄不实；知晓其中的道理而不去实行，即使知识丰富也一定会在困难面前一筹莫展。

- 井蛙不可以语于海者，拘于虚也；夏虫不可以语于冰者，笃于时也；曲士不可以语于道者，束于教也。

    ◇ 《庄子·秋水》

    虚：同"墟"，指居住的地方。笃：限制，局限。曲士：指孤陋寡闻之人。以"井底之蛙不知海之大、夏天的昆虫不知道冬天的寒冷、孤陋寡闻的人不懂得学问之深奥"作比，指出不足与那些妄自尊大者论道。

- 君子之交淡若水，小人之交甘若醴。

    ◇ 《庄子·山木》

    醴：甜酒。两句以"淡若水"表示彼此间的交情虽然淡薄但比较亲切，"甘若醴"表示彼此间的交情虽然密切但非常容易断绝。

- 好面誉人者，亦好背而毁之。

    ◇ 《庄子·盗跖》

    面誉：当面说好话。两句告诫人们不要轻信喜欢当面说好话的人。

- 察见渊鱼者不祥,智料隐匿者有殃。

  ◇ 《列子·说符》

  察:明察,看得清楚。隐匿:隐秘不让人知道。两句以"能看清深水中的鱼的人没有好运,能料知他人隐私的人必会招来灾祸",形容人过于精明反而有害。

- 诚有功,则虽疏贱必赏;诚有过,则虽近爱必诛。

  ◇ 《韩非子·主道》

  诚:确实。疏贱:疏远卑贱。过:过失。近爱:亲近喜爱。诛:惩罚。对确实有功绩的人,即使其地位卑贱、与自己的关系疏远,也一定奖赏;对确实有过失的人,即使其与自己的关系亲近,也一定惩罚。

- 卑而不失尊,曲而不失正。

  ◇ 《晏子春秋·内篇问下》

  两句以"谦恭但不失尊严,迁就但不失正直",告诫人们为人处世要不卑不亢,能迁就忍让又坚持原则。

- 欲胜人者,必先自胜;欲论人者,必先自论;欲知人者,必先自知。

　　　　　　　　　　　　◇ 《吕氏春秋·先己》

　　要想战胜他人,应该先战胜自己;要想评论他人,应该先评论自己;要想了解他人,应该先要了解自己。

- 口惠而实不至,怨灾及其身。

　　　　　　　　　　　　◇ 《礼记·表记》

　　口惠:口头许人以好处。及:达到。两句告诫人们要"口""实"相符,否则怨恨和灾祸就会殃及自身。

- 独学而无友,则孤陋而寡闻。

　　　　　　　　　　　　◇ 《礼记·学记》

　　两句强调做学问要与朋友切磋,否则学识就会浅薄,见闻也会狭小。

- 山林不能给野火,江海不能灌漏卮。

  ◇ [汉]王符《潜夫论·浮侈》

  卮:古代一种盛酒器。两句以"山林虽大却经不起野火的焚烧,江海虽深却不能灌满一个漏的酒杯"作比,劝诫人们千万不可骄傲自满。

- 同恶相助,同好相留,同情相成,同欲相趋,同利相死。

  ◇ 《史记·吴王濞列传》

  恶:恨恶。好:爱好。留:牵挽。趋:奔赴,追逐。几句形容志趣相同的人互相吸引、聚合。

- 水至清则无鱼,人至察则无徒。

  ◇ 《汉书·东方朔传》

  两句以"水过于清澈,鱼就失去生存的条件;人过于苛察,要求人太严就会孤独无伴",告诫人们为人处世要宽厚,不要苛求于人。

- 风雨急而不辍其音,霜雪零而不渝其色。

    ◇ [南朝·梁]刘峻《广绝交论》

    辍:停止。渝:改变。两句描写古代纯真质朴、坚贞不渝的"素交",是作者在淳风沦丧的年代里,对挚友真情的呼唤。

- 谈笑有鸿儒,往来无白丁。

    ◇ [唐]刘禹锡《陋室铭》

    白丁:平民,指没有功名的人。两句以所交往的都是"鸿儒"而非"白丁",来显示陋室主人的有德有才和高雅不俗。

- 人之相知,贵相知心。

    ◇ [汉]李陵《答苏武书》

    两句的大意是:人与人交往,贵在了解彼此的内心。

- 君子与君子以同道为朋,小人与小人以同利为朋。

    ◇ [宋]欧阳修《朋党论》

    道:道义。利:利益。两句说明不应禁止朋党而要辨明君子之党与小人之党的区别。

为人处世
WEIREN CHUSHI

- 小人所好者，禄利也；所贪者，货财也。

　　◇　[宋]欧阳修《朋党论》

　　以"好禄利，贪货财"来说明小人是以禄、利为朋的，禄无则交绝，利尽则交疏。

- 见小利不动，见小患不避。

　　◇　[宋]苏洵《心术》

　　两句告诫人们见到小利时不能动心，遇到小的祸患时不能躲避。

- 屈己者能处众，好胜者必遇敌。

　　◇　[宋]李邦献《省心杂言》

　　两句告诫人们：与他人相处要能委屈自己，否则一定会遇到争强好胜的对手。

- 君子之学,以己度人。己之不欲,则知人之不欲;己之所恶,则知人之所恶。

  ◇ [明]王艮《明哲保身论》

  度:揣度,衡量。恶:厌恶。拿自己来揣度别人,自己不想要或不想做的,就知道别人也是如此;自己厌恶的,就知道别人也厌恶。

- 学易而好难,行易而力难,耻易而知难。

  ◇ [清]王夫之《俟解》

  好:学习得好。力:努力做好。耻:感到羞耻。知:懂得羞耻。意思是学习是件容易的事但要学得好却相当难,做事情容易但要努力做好却相当难,感到羞耻容易但懂得什么叫羞耻却相当难。

- 勿以恶小而为之，勿以善小而不为。

  ◇ [三国]刘备《三国志·蜀书·先主传》

  对任何一件事，不要因为它是很小的、不显眼的坏事就去做；相反，对于一些有益于他人的好事，不要因为它微不足道就不去做。

- 见善如不及，见不善如探汤。

  ◇ 《论语·季氏》

  两句大意是：见到善良，生怕来不及去学习，看到了恶人、坏事，就像是碰到热水一样，要立刻离开，避得远远的。

- 君子成人之美，不成人之恶。小人反是。

  ◇ 《论语·颜渊》

  几句的意思是君子成全他人，而不促人作恶。小人却和这相反。

04 / 人生境遇

RENSHENG JINGYU

- 安而不忘危，存而不忘亡，治而不忘乱。

　　　　　　　　　　　　　　◇ 《周易·系辞下》

　　告诫人们处于安定太平的环境中，不要忘记可能出现的危难和动乱。

- 吾十有五而志于学，三十而立，四十而不惑，五十而知天命，六十而耳顺，七十而从心所欲，不逾矩。

　　　　　　　　　　　　　　◇ 《论语·为政》

　　几句引孔子语：我十五岁有志于做学问，三十岁就能自立，四十岁能明辨是非而没有疑惑，五十岁时就懂得什么是天命，六十岁时听别人说话能懂得其中的真意，七十岁时能随心所欲而不超越法度。

- 生于忧患而死于安乐。

　　　　　　　　　　　　　　◇ 《孟子·告子下》

　　此句的大意是：忧患能使人生存发展，安逸快乐足以使人萎靡死亡。

- 自暴者，不可与有言也；自弃者，不可与有为也。

    ◇ 《孟子·离娄上》

    暴：残害。弃：抛弃。两句告诫人们在遭遇挫折时不能自暴自弃，否则将一事无成。

- 燕雀离巢宇，而有鹰隼之忧；坎井之蛙离其居，而有蛇鼠之患。

    ◇ [汉]桓宽《盐铁论·复古》

    隼：也叫"鹘"，一种凶猛的鸟。坎井：浅井。以"燕雀离巢、井蛙离居"都会招来杀生之患，形容处境十分危险。

- 和氏之璧，出于璞石；隋氏之珠，产于蜃蛤。

    ◇ [汉]王符《潜夫论·论荣》

    以"和氏璧出自璞石、隋氏珠产于蜃蛤"比喻有才能的人都出自平常的人之中。

- 受任于败军之际,奉命于危难之间。

  ◇ [三国·蜀]诸葛亮《出师表》

  败军:军队受挫失败。两句对偶句,概指诸葛亮辅佐刘备治国用兵经历的艰苦。

- 苟全性命于乱世,不求闻达于诸侯。

  ◇ [三国·蜀]诸葛亮《出师表》

  苟全:苟且保全。闻达:闻名显达。两句的大意是:只想在乱世中苟且保全性命,不想在诸侯间谋求闻名显达。

- 处大无患者恒多慢,处小有忧者恒思善。

  ◇ 《三国志·蜀书·谯周传》

  两句的大意是:处于大而没有忧虑环境中的人,往往容易松懈;处于小而不安定环境中的人,会勤于思考。

- 酌贪泉而觉爽,处涸辙以犹欢。

  ◇ [唐]王勃《滕王阁序》

  两句的大意是:喝着贪泉的水却品行愈加高洁,处在干涸的车辙中而心情依然乐观。

- 无丝竹之乱耳,无案牍之劳形。

  ◇ [唐]刘禹锡《陋室铭》

  丝竹:古代对弦乐器与竹制管乐器的总称,也泛指音乐。两句显示陋室主人生活的怡适、清心。

- 器具质而洁,瓦缶胜金玉;饮食约而精,园蔬愈珍馐。

  ◇ [明]朱柏庐《治家格言》

  表达作者安贫乐道的思想:所用的器具质地牢固而干净,即使是瓦器也胜过金玉;饮食简单而精美,园中的蔬菜远远要胜过贵重的食品。

05 / 习艺为学
XIYI WEIXUE

- 我非生而知之者,好古,敏以求之者也。

  ◇ 《论语·述而》

  我并不是天生就知道那么多东西的,只不过是爱好古代文化,才思敏捷而又不断钻研的缘故罢了。

- 吾少也贱,故多能鄙事。

  ◇ 《论语·子罕》

  鄙事:卑贱的技艺。两句引孔子语:我小时候生活贫困,所以学会许多技艺。

- 力足以举百钧,而不足以举一羽;明足以察秋毫之末,而不见舆薪。

  ◇ 《孟子·梁惠王上》

  钧:古代重量单位,一钧为三十斤。明:视力。舆薪:一车薪柴。几句以"能举百钧而不举一羽,能明察秋毫却无视车薪"说明不为与不能的区别。

- 精于物者以物物,精于道者兼物物。

  ◇ 《荀子·解蔽》

  两句的大意是:精通某一具体事物的人,则管理这一具体事物;精通各种事物之理的人,则能同时管理各种事物。

- 轮匠执其规矩,以度天下之方圆。

  ◇ 《墨子·天志上》

  轮匠:造车的工匠。规矩:圆规和曲尺。两句是对造车工匠技艺的高度赞扬。

- 良冶之子,必学为裘;良弓之子,必学为箕。

  ◇ 《礼记·学记》

  良冶:好的冶金匠。箕:簸箕。意思是父兄善冶铁制物补器,其子弟就能学做袍裘;父兄善弯曲干角制成弓,其子弟就能弯曲柳条做成簸箕。

- 其知弥精，其所取弥精；其知弥粗，其所取弥粗。

  ◇ 《吕氏春秋·异宝》

  阐述人的智力的高低决定人们对宝物价值的认识程度：智慧越精深，所取的东西就越珍贵；智慧越低下，所取的东西就越粗陋。

- 百星之明，不如一月之光；十牖之开，不如一户之明。

  ◇ 《淮南子·说林训》

  用"百星"与"一月"、"十牖"与"一户"两对形象的比喻，说明平庸的人再多也不如一个能人所起的作用大的观点。

- 博闻强志，明于治乱，娴于辞令。

  ◇ 《史记·屈原贾生列传》

  几句赞美屈原的学识广博，记忆力强，了解治理国家的道理，熟悉外交辞令。

- 此鸟不蜚则已，一蜚冲天；不鸣则已，一鸣惊人。

  ◇ 《史记·滑稽列传》

  蜚：同"飞"。意思是此鸟不飞便罢，一飞就冲天而去；不叫便罢，一叫则声音惊人。后以"一鸣惊人"比喻平时默默无闻，一下子做出惊人的成绩。

- 良贾深藏若虚，君子盛德，容貌若愚。

  ◇ 《史记·老子韩非列传》

  良贾：善于做生意的人。几句以会做生意的人"深藏若虚"、德行高超的人"容貌若愚"，比喻有才学本领的人不炫耀、不显露自己的才能。

- 根之茂者其实遂，膏之沃者其光晔。

  ◇ [唐]韩愈《答李翊书》

  两句以"根茂则实遂""膏沃则光晔"比喻培养人才要从根本着手。

- 群季俊秀,皆为惠连;吾人咏歌,独惭康乐。

    ◇ [唐]李白《春夜宴桃李园序》

    两句的大意是:各位兄弟都如谢惠连一般英俊聪慧,而我吟诗作赋却惭愧得难以与谢灵运相比。

- 嬉笑怒骂,皆成文章。

    ◇ [宋]黄庭坚《东坡先生真赞》

    两句形容东坡先生极富才气:能把嬉笑怒骂等各种感情都写成好文章。

- 新进之士喜勇锐,老成之人多持重。

    ◇ [宋]欧阳修《为君难论下》

    两句论述新老人物各有千秋:新提拔的人奋勇而有创新,有经验的人处事稳重。

- 古人学问无遗力,少壮工夫老始成。

    ◇ [宋]陆游《冬夜读书示子聿》

    诗句的大意是:古人学习知识是竭尽全力的,少壮时的努力到老年才能看得出成果。

- 惟天下之静者，乃能见微而知著。

　　　　　　　　　　　　◇　[宋]苏洵《辨奸论》

　　两句的大意是：只有天底下最心静的人，才能从细微的变化中预知事情的结果。

- 志大而量小，才有余而识不足。

　　　　　　　　　　　　◇　[宋]苏轼《贾谊论》

　　两句是对贾谊胆识的评价：志向大而器度小，才能高而见识不足。

- 非才之难，所以自用者实难。

　　　　　　　　　　　　◇　[宋]苏轼《贾谊论》

　　两句的大意是：有才能并不难，难的是怎样发挥出自己的才能。

- 学之广在于不倦，不倦在于固志。

　　　　　　　　　　　　◇　[晋]葛洪《抱朴子·崇教》

　　固：坚定。学识的广博在于孜孜不倦地勤奋努力，孜孜不倦的勤奋努力要靠坚定的意志。

- 知之者不如好之者,好之者不如乐之者。

 ◇ 《论语·雍也》

　　好:爱好。乐:乐意,欢喜。此句中的"知""好""乐"均指学习的态度。

- 学而时习之,不亦说乎?

 ◇ 《论语·学而》

　　说:同"悦",高兴。两句的大意是:经常将所学的知识温习一下,不也是件高兴的事吗?

- 不愤不启,不悱不发。

 ◇ 《论语·述而》

　　愤:心里苦苦思索而尚未想通的样子。启:启发,开导。悱:口里想说而未能说出来的样子。发:开发。两句的大意是:教师要在学生开动脑筋后却无法解决问题的时候再加以启发、开导。

- 举一隅不以三隅反，则不复也。

  ◇ 《论语·述而》

  举：提出。隅：角落。反：类推。复：告，教。两句引孔子语，意思是能从懂得一点，类推而知其他。

- 学如不及，犹恐失之。

  ◇ 《论语·述而》

  两句引孔子语，意思是努力地学习，还总怕有所遗失。

- 三人行，必有我师焉。择其善者而从之，其不善者而改之。

  ◇ 《论语·述而》

  善：优点。几句以"三人行，必有我师"告诫人们要善于随时向他人学习。

- 温故而知新,可以为师矣。

  ◇ 《论语·为政》

  温习旧的、已学过的知识,能从中领悟新道理,这样的人可以做老师。

- 大道以多歧亡羊,学者以多方丧生。

  ◇ 《列子·说符》

  以"大道因为岔路多而易使羊走失,求学的人因为没有明确的学习方向而浪费时间"告诫人们要学有专攻。

- 少思长,则学;老思死,则教;有思穷,则施也。

  ◇ 《荀子·法行》

  几句引孔子语,说明爱学习、教书育人、助人为乐是很重要的:少年时能考虑长大以后的事,就会努力学习;年老时能考虑到死后的事,就会从事教育;富有时能考虑贫穷时会遇到的困难,就会乐于助人。

- 吾尝终日而思矣，不如须臾之所学也；吾尝跂而望矣，不如登高之博见也。

◇ 《荀子·劝学》

须臾：一会儿。跂：踮起脚尖。意思是我曾经成天地思考，总不及短时间学习的效果好；我曾经踮起脚尖远望，总不及登上高处所见到的广。

- 不登高山，不知天之高也；不临深溪，不知地之厚也。

◇ 《荀子·劝学》

以"不跋山涉水就不知道天高地厚"作比，劝说人们学习知识和技能一定要有刻苦钻研的精神。

- 目不能两视而明，耳不能两听而聪。

◇ 《荀子·劝学》

明：明亮。聪：灵敏。两句劝诫人们应该专心致志地学习。

- 青，取之于蓝，而青于蓝；冰，水为之，而寒于水。

　　　　　　　　　　　　　　　◇ 《荀子·劝学》

　　蓝：一种草，叶子可做染料。几句以"青出于蓝""冰寒于水"为喻，指出人只要努力学习，一定会比原先有所进步的道理。

- 木受绳则直，金就砺则利，君子博学而日参省乎己，则知明而行无过矣。

　　　　　　　　　　　　　　　◇ 《荀子·劝学》

　　受绳：用墨线量过。参：检查。省：省察。知：同"智"，见识。喻指君子只要广博地学习，并且天天用学到的东西来检验反省自己，就会见识明达、行为方正。

- 吾生也有涯，而知也无涯。

　　　　　　　　　　　　　　　◇ 《庄子·养生主》

　　涯：极限。两句的大意是：我的生命是有极限的，但知识却没有极限。

- 心不在焉，视而不见，听而不闻，食而不知其味。

　　◇ 《礼记·大学》

　　几句形容人读书不专心致志：心思不在这里，看了就像没看过，听了就像没听见，吃了也不知道它的滋味。

- 学然后知不足，教然后知困。

　　◇ 《礼记·学记》

　　困：困惑。两句阐述"教学相长"的道理：通过学习，才会知道自己知识的不足；通过教学，才会知道自己还有疑难问题。

- 玉不琢，不成器；人不学，不知道。

　　◇ 《礼记·学记》

　　琢：雕琢。道：道理。以"璞玉不经雕琢就不能成为玉器"，告诉人们如果不学习，就不可能懂得事理。

- 善学者，师逸而功倍，又从而庸之；不善学者，师勤而功半，又从而怨之。

　　◇ 《礼记·学记》

　　以"师逸而功倍""师勤而功半"，说明确立好的学习方法是非常重要的。

- 博学之，审问之，慎思之，明辨之，笃行之。

　　◇ 《礼记·中庸》

　　几句讲述学习过程及方法：要广泛地学习，详细地询问，谨慎地思考，正确地辨析，切实地去做。

- 人一能之，己百之；人十能之，己千之。

　　◇ 《礼记·中庸》

　　几句含有"笨鸟先飞"之意：人家一学就会的东西，自己便要百倍用功地去学；人家要学十遍才会的东西，自己便要千倍用功地去学会它。

习艺为学
XIYI WEIXUE

- 发愤忘食,乐以忘忧,不知老之将至。

　　◇ 《论语·述而》

　　几句引孔子语,指出读书的乐趣是无穷尽的。

- 敏而好学,不耻下问。

　　◇ 《论语·公冶长》

　　天资聪明而又好学的人,不以向地位比自己低、学识比自己差的人请教为耻。这句话强调了勤奋学习和虚心求教的重要性,即使面对不如自己的人,也能放下身段去请教。

- 善问者,如攻坚木,先其易者,后其节目。

　　◇ 《礼记·学记》

　　几句用比喻的方式说明提问的策略,即先易后难,循序渐进,有助于更好地理解和掌握知识。

- 少而好学,如日出之阳;壮而好学,如日中之光;老而好学,如炳烛之明。

    ◇ [汉]刘向《说苑·建本》

    几句用三个贴切的比喻,阐述人无论在什么时候,只要努力学习,都会有光明前途的道理。

- 好读书,不求甚解,每有会意,便欣然忘食。

    ◇ [晋]陶渊明《五柳先生传》

    作者把读书看作是一种求知的满足和精神上的享受。

- 夫学者犹种树也,春玩其华,秋登其实。

    ◇ [北齐]颜之推《颜氏家训·勉学》

    以"春华秋实"比喻做学问像种树一样有一种循序渐进的因果关系,只要勤奋努力,定能有所收获。

- 读书如吃饭,善吃者长精神,不善吃者生痰瘤。

    ◇ [清]袁枚《随园诗话》卷十三

    意思是善于读书的人能理解运用学到的知识,可提高学识水平;不善于读书的人会"食而不化",反受其害。

- 业精于勤，荒于嬉；行成于思，毁于随。

  ◇ ［唐］韩愈《进学解》

  强调学生学业与品行的重要性，教导学生要埋头于学业的进取和品行的修养。

- 人非生而知之者，孰能无惑？惑而不从师，其为惑也，终不解矣。

  ◇ ［唐］韩愈《师说》

  人不是生下来就有知识的，谁能够没有疑难问题呢？有了疑难问题而不去向老师求教，他的疑难问题永远解决不了。

- 爱其子，择师而教之；于其身也，则耻师焉，惑矣！

  ◇ ［唐］韩愈《师说》

  几句以"喜爱孩子，为他挑选好的老师来传授学问，而自己则以向老师学习为耻辱"，来指责人们耻于从师的行为。

- 读书好处心先觉，立雪深时道已传。

  ◇ ［清］袁枚《随园诗话》卷三

  只要从心底里体会到读书的好处，就会虚心向老师学习了。

- 圣人无常师。

  ◇ [唐]韩愈《师说》

  通过说圣人没有固定的老师,强调学习应该力求多样性和广泛性。

- 吾师道也,夫庸知其年之先后生于吾乎?是故无贵无贱,无长无少,道之所存,师之所存也。

  ◇ [唐]韩愈《师说》

  几句阐明作者的择师准则:不论地位高低,不论年龄大小,圣贤之道存在于谁的身上,谁就是我的老师。

- 生乎吾前,其闻道也固先乎吾,吾从而师之;生乎吾后,其闻道也亦先乎吾,吾从而师之。

  ◇ [唐]韩愈《师说》

  几句阐明作者的师道观:出生在我之前的人,他懂得道理肯定比我多,我以他为师;出生在我之后的人,他懂得比我早,我以他为师。

- 是故弟子不必不如师，师不必贤于弟子，闻道有先后，术业有专攻，如是而已。

  ◇ ［唐］韩愈《师说》

  以"闻道有先后，术业有专攻"，阐述作者不论地位高低，不论年龄大小，圣贤之道存在于谁的身上，谁就是我的老师的择师准则。

- 古之学者必有师。师者，所以传道受业解惑也。

  ◇ ［唐］韩愈《师说》

  学者：求学的人。师者：老师。受：同"授"，讲授。几句正面阐述"师"的职责和作用：传授道理，讲授知识，解答疑问。

- 为学患无疑，疑则有进。

  ◇ ［宋］陆九渊《陆九渊集·语录下》

  两句的大意是：做学问就怕没有疑问，有疑问才会有长进。

- 循序而渐进，熟读而精思。

  ◇ ［宋］朱熹《读书之要》

  两句告诉读书人：学习要按照顺序慢慢地深入下去，不仅要读得熟，而且要勤于思考。

- 十年窗下无人问，一举成名天下知。

  ◇ ［金］刘祁《归潜志》卷七

  两句的大意是：读书人长期埋头攻读无人过问，而一旦取得功名便名扬天下。

- 读书勿求多，岁月既积，卷帙自富。

  ◇ ［清］冯班《钝吟杂录·家戒下》

  几句的大意是：读书不要贪多，贵在持之以恒，日子久了，读的东西自然就多了。

- 授书不在徒多,但贵精熟。

  ◇ [明]王守仁《传习录》

  两句的大意是:讲授书本知识不追求科目多,而要把最精粹的东西教给学生,使其能熟练地掌握。

- 学问无大小,能者为尊。

  ◇ [清]李汝珍《镜花缘》第二十三回

  两句以"做学问没有年长年幼之分",告诉人们要虚心向有学问的人请教。

- 国弈不废旧谱,而不执旧谱;国医不泥古方,而不离古方。

  ◇ [清]纪昀《阅微草堂笔记·滦阳消夏录(三)》

  国弈:下棋的国手。执:固执不变通。国医:医中国手。方:药方。以"棋手、医生不废弃旧棋谱和古方",告诉人们既要学习古代文化的精华,又要有所创新。

06 / 贫富俭奢
PINFU JIANSHE

- 罔游于逸,罔淫于乐。

　　◇ 《尚书·大禹谟》

　　罔:不可。游:游荡。淫:沉溺。两句告诫人们不能沉溺于安逸和享乐。

- 筚路蓝缕,以启山林。

　　◇ 《左传·宣公十二年》

　　筚路:用荆条、竹子做车帮的车。蓝缕:衣服破烂的样子。两句以"驾着柴车、穿着破衣服去开辟山林"形容创业的艰苦。

- 俭节则昌,淫佚则亡。

　　◇ 《墨子·辞过》

　　昌:兴盛。淫佚:纵欲放荡。两句的大意是:俭朴节约国家就会兴盛,纵欲放荡国家就会灭亡。

贫富俭奢
PINFU JIANSHE

- 富贵不傲物,贫穷不易行。

◇ 《晏子春秋·内篇问下》

物:指他人。易:改变。两句奉劝人们:富有的时候不要看不起别人,贫穷的时候不能改变自己的节操。

- 贵不凌贱,富不傲贫。

◇ 《晏子春秋·内篇问下》

两句奉劝人们:地位高的时候不要欺凌地位低下的人,富有的时候不要看不起贫穷的人。

- 勤能补拙,俭以养廉。

　　　　　　　　　　　　◇ 《格言联璧·从政》

两句告诫人们:勤奋能弥补天资的不足,节俭可以培养廉洁的美德。

- 智者不为非其事,廉者不求非其有。

　　　　　　　　　　　　◇ [汉]韩婴《韩诗外传》

两句的大意是:聪明的人不做不应当做的事,廉洁的人不贪图不应当拥有的财物。

- 家有千金之玉不知治,犹之贫也。

　　　　　　　　　　　　◇ [汉]韩婴《韩诗外传》

治:雕琢。两句告诫人们要善于治家,懂得理财。

- 仓廪实而知礼节,衣食足而知荣辱。

　　　　　　　　　　　　◇ 《史记·货殖列传》

仓廪:粮仓。两句的大意是:粮仓充实了人们就懂得礼节,衣食富足了人们就知道荣辱。

贫富俭奢
PINFU JIANSHE

- 千乘之王,万家之侯,百室之君,尚犹患贫,而况匹夫编户之民乎!

　　◇　《史记·货殖列传》

　　千乘:指天子。万家:指诸侯。百室:指大夫。编户:指列入户口册的百姓。意思是有千乘兵车的天子、万户封地的诸侯、百家封邑的大户,尚且担心贫穷,何况编入户口册的平民百姓呢?

- 渊深而鱼生之,山深而兽往之,人富而仁义附焉。

　　◇　《史记·货殖列传》

　　意思是河水深了,鱼儿就会游去;山林茂密了,野兽就会出没其中;人富有了,仁爱之心就会产生。

- 家有弊帚,享之千金。

　　◇　[三国·魏]曹丕《典论·论文》

　　弊帚:破扫帚。自己家的破扫帚,也特别珍惜。意思是非常珍惜属于自己的东西。

- 贫贱则慑于饥寒，富贵则流于逸乐。

    ◇ ［三国·魏］曹丕《典论·论文》

    慑：害怕。流：流连。两句的大意是：贫贱的人害怕饥饿与寒冷；富贵的人留恋安逸与享乐。

- 廉者常乐无求，贪者常忧不足。

    ◇ ［隋］王通《中说·王道》

    廉洁的人常常为无所求取而快乐，贪婪的人常常为欲望得不到满足而忧愁。

- 由俭入奢易，由奢入俭难。

    ◇ ［宋］司马光《训俭示康》

    由节俭进入奢侈容易，由奢侈进入节俭困难。

- 众人皆以奢靡为荣，吾心独以俭素为美。

    ◇ ［宋］司马光《训俭示康》

    奢靡：奢侈浪费。两句表达作者崇尚艰苦朴素的美德。

- 衣不求华，食不厌蔬。

  ◇ ［宋］王安石《长安县太君墓表》

  两句表达安贫乐道的思想：穿衣服不追求华丽，饮食不在乎清淡。

- 人不可以苟富贵，亦不可以徒贫贱。

  ◇ ［宋］苏轼《上梅直讲书》

  苟：苟且。徒：听任。两句的大意是：人不可以用不正当的手段谋求富贵，亦不可以听任过贫困低贱的生活。

- 宁可清贫，不可浊富。

  ◇ ［明］罗贯中《三遂平妖传》第三回

  浊：浑浊，这里指手段卑劣。两句的大意是：宁可清贫一生，也不能以卑劣的手段致富。

07 / 名声荣誉
MINGSHENG RONGYU

- 古之君子,交绝不出恶声;忠臣之去也,不洁其名。

　　　　　　　　　　　　◇ 《战国策·燕策二》

　　古代的君子,与人断绝情时也不口出恶言毒语;忠臣即使含冤被迫离去,也不标榜自己,为自己洗清名声。

- 人之有德于我也,不可忘也;吾有德于人也,不可不忘也。

　　　　　　　　　　　　◇ 《战国策·魏策四》

　　信陵君面对窃符救赵的大功和赵王的颂扬礼遇,表现出一种骄矜之态,唐雎便以"别人对我有恩德,不可以忘记;我对别人有恩德,不可以不忘记"劝谏他不要居功自傲。

- 有不虞之誉,有求全之毁。

　　　　　　　　　　　　◇ 《孟子·离娄上》

　　不虞:意料不到。两句的大意是:有意料不到的赞美,也有过于苛求的责备。

名声荣誉
MINGSHENG RONGYU

- 名声若日月,功绩如天地。

  ◇ 《荀子·王霸》

  两句论述名声与功绩的重要性。

- 后其身而身先,外其身而身存。

  ◇ 《老子》七章

  先人后己反而自身能占先,把自身置之度外反而自身能安存。说明不慕名利、自甘淡泊的圣人反而能博取好名声的道理。

- 人固有一死,或重于泰山,或轻于鸿毛,用之所趋异也。

  ◇ [汉]司马迁《报任安书》

  人总有一死,有的人死得比泰山还重,有的人死得比鸿毛还轻,这是因为他们死的作用不同啊!

- 天下熙熙，皆为利来；天下攘攘，皆为利往。

  ◇ 《史记·货殖列传》

  几句表达作者对世人过于追利逐益有可能造成价值观念错位的感慨：天下人高高兴兴，都为利益而来；天下人忙忙碌碌，都为利益而奔波。

- 信而见疑，忠而被谤。

  ◇ 《史记·屈原贾生列传》

  见：被。几句描写屈原信、忠于楚怀王，却遭到楚怀王的怀疑和奸佞小人的诽谤。

- 功不可以虚成，名不可以伪立。

  ◇ [汉]班固《答宾戏》

  功名的取得要靠脚踏实地的努力，名声的获取不能采用欺骗的手段。

名声荣誉
MINGSHENG RONGYU

- 《阳春》之曲，和者必寡；盛名之下，其实难副。

  ◇ 《后汉书·黄琼传》

  《阳春》：古代楚国的一种艺术性较高的歌曲名。盛名：很高的名声。几句以"曲高和寡"形容某些人或物名声极大，而实际难与名声相称。

- 患名之不立，不患年之不长。

  ◇ 《三国志·魏书·贾逵传》

  患：怕。立：显扬。两句的大意是：不怕年龄不增长，只怕好名声不传扬。

- 人患志之不立，亦何忧令名不彰邪？

  ◇ 《世说新语·自新》

  令名：美好的名声。两句的大意是：人只怕不立志，又何必担心美好的名声得不到显扬呢？

- 不修身而求令名于世者，犹貌甚恶而责妍影于镜也。

    ◇ ［北齐］颜之推《颜氏家训·名实》

    不修养身性却想使好的名声流传于世，就好像相貌丑陋的人责怪镜子中的身影不美丽一样。

- 彼汲汲于名者，犹汲汲于利也。

    ◇ ［宋］司马光《谏院题名记》

    汲汲：不停息。名：名声。两句的大意是：那些不停地追求名声的人，就好像不停地追逐私利的人一样。

- 好名则多树私恩，惧谤则执法不坚。

    ◇ ［宋］苏洵《上韩枢密书》

    两句的大意是：贪图名声就会注重私人情谊，害怕遭人诽谤就会执法不严。

- 名者实之宾也，实有美恶，名亦随之。

    ◇ ［宋］何坦《西畴老人常言》

    几句以"名声的好坏是由你的行为的美丑而带来的"告诫人们一定要注意自己的一言一行。

名声荣誉
MINGSHENG RONGYU

- 金玉其外,败絮其中。

　　◇ [明]刘基《卖柑者言》

　　金玉:比喻华美。两句形容人徒有华丽的外表,却无真才实学或本质很坏。

- 名心盛者,必作伪。

　　◇ [清]王豫《蕉窗日记》

　　两句告诫人们热衷于功名的人,一定会弄虚作假。

- 勋业有光昭日月,功名无间及儿孙。

　　◇ [清]曹雪芹《红楼梦》第五十三回

　　昭:明亮。两句论述建立功名的重要性:功业闪光能与日月同辉,功名无涯可传及子孙。

08 / 成败得失
CHENGBAI DESHI

- 夫战,勇气也。一鼓作气,再而衰,三而竭。彼竭我盈,故克之。

  ◇ 《左传·庄公十年》

  几句总结长勺之战以弱胜强、克敌制胜的原因:作战靠的是勇气。

- 人谁无过?过而能改,善莫大焉。

  ◇ 《左传·宣公二年》

  几句以"人谁无过"劝诫人们:一个人不怕犯错误,重要的是犯了错误后能改过自新。

- 多行不义,必自毙。

  ◇ 《左传·隐公元年》

  两句的大意是:不道德的事情做多了,必然会自取灭亡。

- 事不三思,终有后悔。

  ◇ [明]冯梦龙《喻世明言·陈御史巧勘金钗钿》

  告诉人们做事情不经过周密反复的考虑,最终免不了要后悔。

- 骄奢淫逸,所自邪也。

  ◇ 《左传·隐公三年》

  两句指出骄傲、奢侈、无度、放荡这四种恶德是让人走上邪路的根源。

- 譬如为山,未成一篑,止,吾止也。譬如平地,虽覆一篑,进,吾往也。

  ◇ 《论语·子罕》

  篑:盛土的筐子。覆:倾倒。几句引孔子语:造山的时候,只差最后一筐土,却停止了,那是我自己停止的。要在平地上堆成山,虽是刚倒了一筐土,如果决心干下去,我就要努力进行。

- 小不忍则乱大谋。

  ◇ 《论语·卫灵公》

  乱:败。此句告诫人们:如果在小事情上不能忍耐的话,做大事情就有可能失败。

- 天时不如地利,地利不如人和。

  ◇ 《孟子·公孙丑下》

  两句说明战争胜败的关键在于人心的向背,说明人和的重要性。

- 得道者多助,失道者寡助。

  ◇ 《孟子·公孙丑下》

  两句阐述"得道"者一定会得到大多数人的拥护,拥护的人多了则"战必胜"的道理。

- 凡百事之成也,必在敬之;其败也,必在慢之。

  ◇ 《荀子·议兵》

  论述事情成功、失败的原因在于对待事情的态度上。

- 人之失者,未必非得也;吾之无失者,未必非大失也。

  ◇ [清]钱大昕《弈喻》

  别人所错失的,未必没有得到;而我所没有错失的,未必不是大的失误。

成败得失
CHENGBAI DESHI

- 上不失天时，下不失地利，中得人和，而百事不废。

  ◇ 《荀子·王霸》

  说明做事情成功的关键在于"天时、地利、人和"。

- 民之从事，常于几成而败之。

  ◇ 《老子》六十四章

  几：几乎。两句与"功亏一篑"有异曲同工之妙，即有的人做事情，常常会在快要成功的时候失败。

- 慎终如始，则无败事。

  ◇ 《老子》六十四章

  做事情如能像开始时那样谨慎地做到最终，那么就没有不成功的。

- 事者，生于虑，成于务，失于傲。

  ◇ 《管子·乘马》

  虑：谋划。务：努力工作。意思是任何事情都产生于谋划，成功于努力工作，失败于骄傲自满。

- 知可以战与不可以战者,胜。

  ◇ 《孙子·谋攻》

  两句的大意是:知道在什么情况下可以进攻,在什么情况下不可以进攻的军队,就能取得胜利。

- 事以密成,语以泄败。

  ◇ 《韩非子·说难》

  以:因为。泄:泄露。两句阐述事情成败的关键在于守密与泄密。

- 举大事,必慎其终始。

  ◇ 《礼记·文王世子》

  举:办。告诫人们做事情只有善始善终才能成功。

- 为者常成,行者常至。

  ◇ 《晏子春秋·内篇杂下》

  告诫人们坚持不懈的人常常获得成功,不停地行走的人往往能够到达目的地。

- 衣缺不补则日以甚,防漏不塞则日以滋。

  ◇ [汉]桓宽《盐铁论·申韩》

  日以甚:一天比一天更坏得厉害。防:堤岸。滋:增多。两句告诫人们要及早发现隐患并加以处理,否则将会酿成大祸而难以收拾。

- 疑行无名,疑事无功。

  ◇ 《史记·商君列传》

  两句论述做事不能成功的原因在于行动迟疑不决,犹豫不定。

- 舍近谋远者,劳而无功;舍远谋近者,逸而有终。

  ◇ 《后汉书·臧宫传》

  谋:图谋。逸:舒缓。几句以"劳而无功""逸而有终"作证,说明做事情不可舍近而求远的道理。

- 九仞之积,犹亏一篑之功。

    ◇ [唐]魏徵《十渐不克终疏》

    仞:古代八尺为一仞。两句的大意是:筑九仞高的土山,最后由于只差一筐土而不能完成。后人以"功亏一篑"喻指做一件事情因只差最后一点的努力而不能成功。

- 见利不失,遭时不疑。失利后时,反受其害。

    ◇ [唐]李筌《太白阴经·作战》

    告诉人们做任何事情都要抓住有利时机,其间不能有一息相差,过于急躁和错过时机都将一事无成。

- 见患而后虑,见灾而后救。

    ◇ [宋]王安石《再上龚舍人书》

    告诫人们做任何事情都要防患于未然,不要等"祸患发生了才去考虑,灾难降临了才去援救"。

- 功之成，非成于成之日，盖必有所由起；祸之作，不作于作之日，亦必有所由兆。

　　　　　　　　　　　◇ ［宋］苏洵《管仲论》

　　意思是事业的成功，并不在于成功的那一天，一定有它成功的原因；灾祸的发生，并不在于发生的那一刻，一定有它发生的征兆。

- 慎重则必成，轻发则多败。

　　　　　　　　　　　◇ ［宋］苏轼《拟进士对御试策》

　　谨慎从事就一定会成功，轻举妄动就容易失败。

- 能有所忍也，然后可以就大事。

　　　　　　　　　　　◇ ［宋］苏轼《留侯论》

　　如果能有所忍耐的话，就一定能够成就大的事业。

09 / 谋略手段

MOULUE SHOUDUAN

- 图难于其易,为大于其细。

  ◇ 《老子》六十三章

  图难:克服困难。两句的大意是:克服困难应该从容易的地方着手,做大事情应该从细微的事情开始。

- 天下难事,必作于易;天下大事,必作于细。

  ◇ 《老子》六十三章

  作于:从……做起。天底下再困难的事,也必须由容易的事情做起;天底下再大的事,也必须从小事情做起。

- 谋无主则困,事无备则废。

  ◇ 《管子·霸言》

  谋:谋事。主:主见。备:准备。两句的大意是:谋事如没有主见就会陷于困顿,做事情如无准备就不会成功。

- 水之形避高而趋下,兵之形避实而击虚。

  ◇ 《孙子·虚实》

  两句以"水的流动方式是由高处向低处流",喻指用兵打仗的规则是进攻敌人弱点而避开其坚实之处。

- 知彼知己，百战不殆；不知彼而知己，一胜一负；不知彼，不知己，每战必殆。

　　◇　《孙子·谋攻》

　　彼：指敌人。殆：危险。几句论述用兵打仗时应透彻了解自己和对方的情况；否则，就会有危险。

- 百战百胜，非善之善者也；不战而屈人之兵，善之善者也。

　　◇　《孙子·谋攻》

　　几句阐述作战时最高明的不在于百战百胜而在于不战而胜的观点。

- 任大者思远，思远者忘近。

　　◇　[汉]桓宽《盐铁论·散不足》

　　能够担当起重任的人一定有深谋远虑，有深谋远虑的人不会计较眼前的利益得失。

- 有备则制人，无备则制于人。

    ◇ ［汉］桓宽《盐铁论·险固》

    两句论述做事情有所准备的重要性：有所准备就能制服人，没有准备容易被人制服。

- 智者千虑，必有一失；愚者千虑，必有一得。

    ◇ 《史记·淮阴侯列传》

    聪明的人即使经过反复思考，也难免有失误的时候；愚笨的人只要经过反复思考，一定会有所收获。

- 运筹策帷帐中，决胜千里外。

    ◇ 《史记·留侯世家》

    运：运用。筹：指谋划。帷帐：古代军中的帐幕。两句形容将帅的雄才大略、指挥若定：在帐幕中策划军机要事，决定胜负于千里之外。

- 善攻者，不尽兵以攻坚城；善守者，不尽兵以守敌冲。

  ◇ ［宋］苏洵《攻守》

  善于进攻的将帅无须用尽所有的兵力就可以攻克防守坚固的城池；善于防守的将帅无须用尽所有的兵力就可守住受敌人冲击的要害之处。

- 智则不可测，严则不可犯。

  ◇ ［宋］苏洵《心术》

  测：推测。严：威严。犯：侵犯。两句的大意是：有智谋就深不可测，有威严就不可侵犯。

- 一忍可以支百勇，一静可以制百动。

  ◇ ［宋］苏洵《心术》

  忍耐一次可以增加百倍的勇气，冷静一下可以阻止上百次的轻举妄动。

10 / 军事较量
JUNSHI JIAOLIANG

- 两虎相争,必有一伤。

 ◇ [明]徐元《八义记》第一〇出

 两句以"两虎相争"作比,指两个强者相争,必有一方会受到伤害。

- 挟天子以令天下,天下莫敢不听。

 ◇ 《战国策·秦策一》

 挟:控制。两句的大意是:把皇帝控制住,用他的名义去号令天下,天下的人不敢不服从。

- 怀恶而讨,虽死不服。

 ◇ 《春秋穀梁传·昭公四年》

 讨:讨伐。两句的大意是:怀着恶意去讨伐他国,他国的百姓即使死了也不会心服。

- 兵不完利，与无操者同实。

　　◇ 《管子·参患》

　　兵：兵器。完：完备。利：锐利。两句的大意是：用兵打仗时，如果兵器不完备、锐利，就如同没有兵器一样。

- 兵无常势，水无常形。

　　◇ 《孙子·虚实》

　　两句的大意是：用兵打仗没有固定的阵势，就像水没有固定不变的形状。

- 斩木为兵，揭竿为旗，天下云集响应，赢粮而景从。

　　◇ ［汉］贾谊《过秦论》

　　揭：举。赢：担负。景：同"影"。用形象的比喻描写人们砍树木作兵器、举竹竿为旗子，跟随陈涉攻打秦国的情形。

- 将受命之日则忘其家,临军约束则忘其亲,援枹鼓之急则忘其身。

    ◇ 《史记·司马穰苴列传》

    援枹鼓:拿起鼓槌击鼓。枹,鼓槌。几句以"将士接到征战的命令就要忘掉自己的家庭和亲人,击鼓进军时要奋不顾身"说明服从命令是军人的天职。

- 兵出无名,事故不成。

    ◇ 《汉书·高帝纪上》

    名:指正当的理由。两句的大意是:出兵打仗,如果没有正当的理由就不会成功。

- 攻心为上,攻城为下。

    ◇ 《三国志·蜀书·马谡传》

    用兵打仗,运用心理战术征服对方为上策,用武力攻占城池为下策。

- 挟天子而令诸侯,此诚不可与争锋。

　　◇　《三国志·蜀书·诸葛亮传》

　　挟:控制。诚:实在。争锋:争夺交锋。两句的大意是:把皇帝控制住,用他的名义去命令诸侯,这实在是不可与之争夺交锋的。

- 直视千里外,唯见起黄埃。

　　◇　[南朝·宋]鲍照《芜城赋》

　　两句以夸张的手法,描写广陵这座历史名城因兵祸而荒芜,人民遭受深重灾难。

- 兵可千日而不用,不可一日而不备。

　　◇　《南史·陈暄传》

　　两句阐述军队备战的重要性:即使长期不打仗,每天也要做好战斗的准备。

- 喑呜则山岳崩颓,叱咤则风云变色。

  ◇ [唐]骆宾王《为徐敬业讨武曌檄》

  喑呜:怀着怒气。叱咤:发怒的声音。两句写军队愤怒之势:胸中的怒气可使高山崩塌,怒吼声能使风云变色。

- 班声动而北风起,剑气冲而南斗平。

  ◇ [唐]骆宾王《为徐敬业讨武曌檄》

  班声:马的嘶鸣声。两句描写军队威武雄壮的气势:马声嘶鸣如北风呼啸,剑光冲天与南斗星相接。

- 沙草晨牧,河水夜渡。地阔天长,不知归路。

  ◇ [唐]李华《吊古战场文》

  几句写出征人长年辗转塞外无法归家的哀怨:清晨在沙漠草地上放牧,夜晚踏着冻结的冰块渡过黄河。天阔地远,不知几时能踏上归家的路。

- 鼓衰兮力竭，矢尽兮弦绝，白刃交兮宝刀折，两军蹙兮生死决。

  ◇ ［唐］李华《吊古战场文》

  蹙：迫近。几句描写凄惨悲壮的战争场面：鼓声衰竭战士们都筋疲力尽，箭矢用完弓弦也已断绝，短兵器相接宝刀砍断，两军战士赤手空拳展开了肉搏战。

- 尺箠当猛虎，奋呼而操击；徒手遇蜥蜴，变色而却步。

  ◇ ［宋］苏洵《心术》

  箠：鞭子。论述作战时手中有武器的重要性：遇见猛虎手中即使只有一尺长的鞭子，也会大吼一声去抽打；空着双手，即使遇见蜥蜴，也会吓得寸步难行。

- 人定者胜天，天定亦能胜人。

  ◇ ［宋］苏轼《三槐堂铭》

  人的意志能够战胜天，天的意志也能战胜人。

- 两国相持,不斩来使。

  ◇ [元]郑廷玉《楚昭王》

  两个国家交战,彼此不杀对方派来联络或谈判的使者。

- 一日干戈动,十年不太平。

  ◇ [元]高文秀《渑池会》

  一旦打起仗来,长时期都不得安宁。

- 军不斩不齐,将不严不整。

  ◇ [元]无名氏《延安府》第二折

  军队纪律不严明,行动就不会整齐。

- 百战百胜,不如不战。

  ◇ [明]杨柔胜《玉环记》

  即使每战必胜,也不如不打仗好。

- 上兵伐谋，其次伐交，其次伐兵，其下攻城。

  ◇ 《孙子兵法》

  几句强调战略和策略的重要性，强调上等的用兵策略是打破敌方的计谋，其次是挫败敌方的外交，再次是击败敌方的武装力量，下策才是攻城。

- 兵者，诡道也，故能而示之不能，用而示之不用，近而示之远，远而示之近。

  ◇ 《孙子兵法》

  几句揭示了战争中的心理战术和策略的运用。通过展示假象，使敌人产生误解，从而达到自己的战略目的。

11 / 世态习俗
SHITAI XISU

- 人心之不同,如其面焉。

  ◇ 《左传·襄公三十一年》

  两句以"心如其面"作比,说明每个人的心思都是不一样的道理。

- 必得之事,不足赖也;必诺之言,不足信也。

  ◇ 《管子·形势》

  告诫人们,做任何事情都要根据实际情况,主观上认为办得到的事,不一定靠得住;口头上答应的话,不一定能相信。

- 君子见人之厄则矜之,小人见人之厄则幸之。

  ◇ 《公羊传·宣公十五年》

  矜:怜悯,同情。幸:幸灾乐祸。两句的大意是:君子见到别人遭受苦难就怜悯同情他,小人看到别人遭受苦难就幸灾乐祸。

世态习俗
SHITAI XISU

- 君子之爱人也以德,细人之爱人也以姑息。

    ◇ 《礼记·檀弓上》

    细人:指目光短浅之人。两句是孔子弟子曾子临死前所说的话,君子爱人以德为重,小人爱人是纵容姑息。

- 有高人之行者,固见负于世;有独知之虑者,必见骜于民。

    ◇ 《商君书·更法》

    行为超过一般人的,就会遭人反对,有独到见解的,就会遭人诽谤。

- 以小人之虑,度君子之心。

    ◇ 《世说新语·雅量》

    小人:道德品质不好的人。度:推测。两句的大意是:用卑劣的想法去推测品行高尚的人的心思。

- 君子游道,乐以忘忧;小人全躯,说以忘罪。

　　◇　[汉]杨恽《报孙会宗书》

　　游:沉浸。说:同"悦",喜悦。君子沉浸于大道,快乐得忘记了忧愁;小人保全了性命,高兴得忘记了罪过。

- 屋漏在上,知者在下。漏大,下见之著;漏小,下见之微。

　　◇　[汉]王充《论衡·答佞》

　　著:明显。微:不显著。意思是大奸之人作恶,容易被人察觉;小奸之人做坏事,不易被人知道。

- 好议论人长短,妄是非正法,此吾所大恶也。

　　◇　[汉]马援《诫兄子严敦书》

　　妄:胡乱。是非:议论好坏。马援告诉侄子马严、马敦自己最厌恶的事就是:喜欢议论人家的长短,胡乱地评论正常的法制。

- 猛虎在深山，百兽震恐，及在槛阱之中，摇尾而求食，积威约之渐也。

  ◇ ［汉］司马迁《报任安书》

  意思是猛虎在深山里，各种野兽见到它都震惊恐惧，等到把它关在木笼或陷坑里，它就会摇着尾巴向人求食，这是用威势制约而逐渐驯服的啊。

- 画地为牢，势不可入；削木为吏，议不可对。

  ◇ ［汉］司马迁《报任安书》

  两句极言老百姓对狱吏苛政的仇恨：在地上画圆圈为牢狱，也不愿意进入；即使是用木头制成的假狱吏，也不愿意和他见面。

- 以管窥天，以蠡测海。

  ◇ 《汉书·东方朔传》

  两句的大意是：从竹管孔里看天，用瓢来测量海水。后人以"管窥蠡测"比喻对事物的观察了解狭隘片面。

- 文人相轻，自古而然。

    ◇ ［三国·魏］曹丕《典论·论文》

    两句的大意是：自古以来，文人就是彼此相轻视的。

- 巧言易信，孤愤难申。

    ◇ ［唐］刘禹锡《苏州谢恩赐加章服表》

    两句的大意是：谗媚的话容易使人相信，私下的愤怒难以申诉。

- 是马也，虽有千里之能，食不饱，力不足，才美不外见，且欲与常马等不可得，安求其能千里也？

    ◇ ［唐］韩愈《杂说四·马说》

    这种马虽然有日行千里的能力，但不按千里马的特点喂养，它非但不能日行千里，甚至连常马都不如。表达了作者对当时社会压抑人才、摧残人才现象的控诉。

- 事修而谤兴，德高而毁来。

　　　　　　　　　　　◇ ［唐］韩愈《原毁》

　　两句点明了"妒贤嫉能"这种浇薄的社会风气所造成的严重危害：事情办成功了，诽谤之辞便随之兴起；道德高尚了，诋毁之言也随之而来。

- 举其一，不计其十；究其旧，不图其新；恐恐然惟惧其人之有闻也。

　　　　　　　　　　　◇ ［唐］韩愈《原毁》

　　几句描写有地位的人妒贤嫉能的不良品德：只看到别人的一个缺点而忽视他的十种长处；一味追究别人的过去，而不关注他现在的成绩；惟恐别人得到好名声而扬名于世。

- 怠者不能修，而忌者畏人修。

　　　　　　　　　　　◇ ［唐］韩愈《原毁》

　　揭示损毁他人的根源在于"怠"与"忌"：因为懈怠，自己就不能好好地修身养性；因为嫉妒，又使他害怕别人能很好地修身养性。

- 道不加修,则贤者不与;文日益有名,则同进者忌。

　　　　　　　　　　　　　　◇ ［唐］韩愈《与陈给事书》

　　道义不加修养,有德行的人就不愿与之交往;文章日益有名,同道者就会嫉妒。

- 坐井而观天,曰天小者,非天小也。

　　　　　　　　　　　　　　　　◇ ［唐］韩愈《原道》

　　井底之蛙之类者说天很小,其实并不是天小,而是他们的视野太小。

- 高材多戚戚之穷,盛位无赫赫之光。

　　　　　　　　　　　　　　◇ ［唐］韩愈《与于襄阳书》

　　两句的大意是:学问广博的人往往郁郁寡欢而不得志,地位显赫的人也不能将好名声留传下去。

- 寒之之日长而暴之之日短,植之之人寡而拔之之人多。

  ◇ [宋]王安石《再乞表》

  寒:阴不见日。暴:同"曝",晒。植:栽培。以受到温暖的日子短暂,被冷搁的时光长久,比喻扶助和培养人才的人太少,糟蹋和排斥人才的人极多。

- 怒不尽则有余勇,欲不尽则有余贪。

  ◇ [宋]苏洵《心术》

  义愤没有发泄就会有勇气,欲望没有满足就会有所图。

- 吾能知人之失,而不能见吾之失;吾能指人之小失,而不能见吾之大失。

  ◇ [清]钱大昕《弈喻》

  几句生动地说明了生活中的一个哲理,即发现他人的过失容易,发现自己的过失困难。

12 / 治国安邦

ZHIGUO ANBANG

- 民惟邦本，本固邦宁。

　　　　　　　　　　　　　　◇ 《尚书·五子之歌》

　　惟：惟独。邦：国家。本：根本。两句告诫一国之君：老百姓是国家的根本，老百姓的生活安定了，国家也就治理好了。

- 不义不昵，厚将崩。

　　　　　　　　　　　　　　◇ 《左传·隐公元年》

　　厚：指势力雄厚。两句说明得民心的重要性：没有正义便不能使民众亲近，再雄厚的势力也会崩溃。

- 不患寡而患不均，不患贫而患不安。

　　　　　　　　　　　　　　◇ 《论语·季氏》

　　患：担心。寡：少。两句的大意是：不担心东西少而担心分配不平均，不担心贫困而担心不安定。

治国安邦
ZHIGUO ANBANG

- 近者说,远者来。

◇ 《论语·子路》

说:同"悦"。两句引孔子语:住在附近的百姓因政治清明而欢悦;住在远处的百姓都乐于依附。

- 邦有道,贫且贱焉,耻也;邦无道,富且贵焉,耻也。

◇ 《论语·泰伯》

有道:政治清明。一个国家政治清明,但老百姓的生活贫困,那是国家的耻辱;一个国家的政治腐败,老百姓的生活即使再富裕,也是国家的耻辱。

- 得道多助,失道寡助。

◇ 《孟子·公孙丑下》

两句大意是:站在正义、仁义方面,会得到多数人的支持帮助;违背道义、仁义,必然陷于孤立。

- 乐民之乐者，民亦乐其乐；忧民之忧者，民亦忧其忧。

　　◇　《孟子·梁惠王下》

　　为百姓的快乐而快乐的人，百姓也会为他的快乐而快乐；为百姓的忧愁而担忧的人，百姓也会为他的忧愁而担忧。

- 爱民者强，不爱民者弱。

　　◇　《荀子·议兵》

　　告诫一国之君：国家的强大与弱小，在于国君是否爱护百姓。

- 天地不仁，以万物为刍狗；圣人不仁，以百姓为刍狗。

　　◇　《老子》五章

　　不仁：不仁慈，残忍。刍狗：古代祭祀时用茅草扎成的狗。意思是老天不仁慈，会把世间的万物当作刍狗，君主不仁慈，会把老百姓当作刍狗。

- 受国之垢，是谓社稷主；受国不祥，是为天下王。

  ◇ 《老子》七十八章

  受：承受。垢：责怨。社稷：国家。不祥：灾难。意思是承受国家的责怨，是国家的主人；承受国家的灾难，是一国之君。

- 治国常富，而乱国必贫。

  ◇ 《管子·治国》

  治国：治理得好的国家。乱国：不太平的国家。国家安定老百姓就富有，国家不太平老百姓的生活就贫困。

- 堂上远于百里，堂下远于千里，门庭远于万里。

  ◇ 《管子·法法》

  君主如果对发生在堂上、堂下、门庭之内的事都不关心，那么即使事情就发生在近处，也仿佛相隔百里、千里、万里之远。

- 下令于流水之原者,令顺民心也。

    ◇ 《管子·牧民》

    原:通"源"。两句的大意是:下达政令如果能像从水流的源头那样顺流而下,就能顺应民心。

- 国大而政小者,国从其政;国小而政大者,国益大。

    ◇ 《管子·霸言》

    论述一个国家的地位与政绩有关:国家大而政绩小,那么国家的地位跟它的政绩一样小;国家小而政绩大,那么国家的地位也大。

- 存亡在虚实,不在于众寡。

    ◇ 《韩非子·安危》

    虚实:国家实力的弱与强。两句说明国家强大的重要性。

- 政者,正也。君为正,则百姓从政矣。

    ◇ 《礼记·哀公问》

    几句阐述"君之所为,百姓之所从"的道理。

治国安邦
ZHIGUO ANBANG

- 张而不弛,文武弗能也;弛而不张,文武弗为也;一张一弛,文武之道也。

  ◇ 《礼记·杂记下》

  张:弓上弦,比喻处事严厉。弛:弓下弦,比喻处事宽缓。文武:周文王、周武王。弗:不。几句称赞周文王和周武王的治国之道是宽严相济的。

- 天下兴亡,匹夫有责。

  ◇ [清]吴趼人《痛史》第十回

  国家的兴衰,普通老百姓都有责任。

- 利于国者爱之,害于国者恶之。

  ◇ 《晏子春秋·内篇谏上》

  劝诫人们:对国家有利的事情就喜爱它,对国家有害的事情就厌恶它。

- 天下非一人之天下也,天下之天下也。

  ◇ 《吕氏春秋·贵公》

  国家不是国君一个人的天下,而是生活在这个国家中的所有民众的天下。

- 天下大乱,无有安国;一国尽乱,无有安家;一家皆乱,无有安身。

  ◇ 《吕氏春秋·谕大》

  几句由"天下大乱"推及"一国尽乱","一国尽乱"推及"一家皆乱",说明天下安定的重要性。

治国安邦
ZHIGUO ANBANG

- 仁义不施而攻守之势异也。

  ◇ [汉]贾谊《过秦论》

  论述秦朝灭亡的原因在于"仁义不施",希望汉文帝以此为鉴,施行仁政,以免重蹈秦国的覆辙。

- 善为国者,遇民如父母之爱子、兄之爱弟。

  ◇ [汉]刘向《说苑·政理》

  为:治理。告诫治理国家的人要体恤百姓。

- 俗之所欲,因而予之;俗之所否,因而去之。

  ◇ 《史记·管晏列传》

  俗:百姓。因:顺着。阐述施行政令要得民心的观点:百姓所要求的就给予,百姓所反对的就废止。

- 国之所以治者，君明也；其所以乱者，君暗也。

    ◇ ［汉］王符《潜夫论·明暗》

    君：君主。明：明智。暗：愚昧。一个国家治理得太平与否，与它的国君是否明智有关。

- 民安土重迁，不可卒变，易以顺行，难以逆动。

    ◇ 《三国志·魏书·袁涣传》

    卒：同"猝"，突然。顺：顺其意。逆：背其意。几句以老百姓留恋本乡本土、不愿意轻易地迁移至他乡，告诫治理国家的人要顺应民心。

- 求木之长者，必固其根本；欲流之远者，必浚其泉源；思国之安者，必积其德义。

    ◇ ［唐］魏徵《谏太宗十思疏》

    浚：挖深，疏通。用浅显易懂的比喻，深入浅出地道出一番定国安邦的大道理：希望树木长高的，一定要使它的根扎得牢固；想让河水流得远的，一定要疏通它的源头；要想国家安定的，一定要多积德义。

- 居庙堂之高则忧其民，处江湖之远则忧其君。

 ◇ ［宋］范仲淹《岳阳楼记》

 庙堂：指朝廷。在朝廷里做官，就为他的平民百姓忧虑；不在朝廷里做官，就替君主忧虑。

- 贤者不悲其身之死，而忧其国之衰。

 ◇ ［宋］苏洵《管仲论》

 两句的大意是：贤明的人不应当担心自己的死，而应担心他的国家的衰亡。

- 天下将兴，其积必有源；天下将亡，其发必有门。

 ◇ ［宋］苏轼《策断二十三》

 积：各种因素的积聚。源：根源。发：爆发。门：原因。意思是国家的兴亡必定有兴亡的原因。

- 天下之治乱，不在一姓之兴亡，而在万民之忧乐。

 ◇ ［清］黄宗羲《原臣》

 一姓：特指一国之君。判断一个国家治理得好与坏的标准，不是看国君家族的兴盛，而要看百姓是忧愁还是快乐。

13 / 商贸交易

SHANGMAO JIAOYI

- 市,朝则满,夕则虚,非朝爱市而夕憎之也,求存故往,亡故去。

  ◇ 《战国策·齐策四》

  市:做买卖的场所。朝:早晨。故:因而。亡:无,指交易结束。几句阐述集市早晨人多货多而傍晚人少物少的原因是交易结束后离去。

- 良贾不为折阅不市。

  ◇ 《荀子·修身》

  贾:商人。折阅:折本。市:经商。此句告诉人们做生意折本是常有的事,商人不会因为害怕折本而停止经商。

- 千卖万卖,折本不卖。

  ◇ [清]王有光《吴下谚联》卷二

  两句的大意是:出售货物时价钱无论怎么开,就是不能亏了本钱。

- 农夫无草莱之事则不比,商贾无市井之事则不比。

  ◇ 《庄子·徐无鬼》

  草莱:耕种。比:和乐。市井:做买卖。农民不耕种就不快乐,商人不做买卖就不快乐。

- 货尽而后知不足,是不知量也;事已而后知货之有余,是不知节也。

  ◇ 《管子·乘马》

  量:计量。已:结束。节:调节。商人在货物告罄后才知道货源的不足,是估计不足;商人在实践交易后才知道货物贮备太多,是不知节约。

- 长袖善舞,多钱善贾。

  ◇ 《韩非子·五蠹》

  多钱:资本雄厚。贾:经商。两句以"长长的水袖使舞姿更优美,雄厚的资金使生意更好做"指出资金雄厚是商业活动的重要条件。

- 贵出如粪土，贱取如珠玉。

    ◇ 《史记·货殖列传》

    要趁货物贵到极点时及时卖出去，趁货物便宜到最低价时及时买进来。

- 本小利微，本大利宽。

    ◇ [明]冯梦龙《警世通言·赵春儿重旺曹家庄》

    在商贸交易中，本钱小的获利就少，本钱大的获利就多。

- 货无大小，缺者便贵。

    ◇ [明]冯梦龙《醒世恒言·徐老仆义愤成家》

    两句以"物价的贵贱没有定格，缺货时价格自然就高"，阐述"物以稀为贵"的道理。

- 刻薄不赚钱，忠厚不折本。

    ◇ [明]冯梦龙《醒世恒言·卖油郎独占花魁》

    做买卖时，对人刻薄的不一定能赚到钱，忠厚老实的也不一定会亏本。

商贸交易
SHANGMAO JIAOYI

- 一物不成，两物见在。

    ◇ ［明］冯梦龙《醒世恒言·勘皮靴单证二郎神》

    见：同"现"。两句的大意是：指买卖双方交易不成，一方的钱仍在，一方的货也在，都没有亏损。

- 货有高低三等价，客无远近一般看。

    ◇ 《西游记》第八十四回

    货物可以按等级定价，对顾客却要一视同仁。

- 货到街头死。

    ◇ ［清］李光庭《乡言解颐·地部》

    意思是从远途贩运来的货物，只要上市，不管价钱如何都得卖掉。

14 / 举贤纳谏
JUXIAN NAJIAN

- 防民之口,甚于防川。川壅而溃,伤人必多。民亦如之。是故为川者决之使导,为民者宣之使言。

    ◇ 《国语·周语上》

    大臣召公以"防民之口,甚于防川"告诫周厉王,要听取百姓的意见,不可横加压制,治理河流的人要疏通水道使它通畅,治理人民的人要开导他们使其畅所欲言,否则将自食其果。

- 外举不弃仇,内举不失亲。

    ◇ 《左传·襄公二十一年》

    两句赞美祁奚举贤不徇私情:推举亲族以外的人不嫌弃仇人,推举亲族以内的人不避讳亲人。

- 贤人在而天下服,一人用而天下从。

    ◇ 《战国策·秦策一》

    贤人在位则天下的人信服,一个贤人被任用则天下的人都会顺从。

举贤纳谏
JUXIAN NAJIAN

- 闻贤而不举,殆;闻善而不索,殆;见能而不使,殆。

  ◇ 《管子·法法》

  殆:危险。索:寻求。见到有才能的人不选拔,听说有德行的人不寻求,看到能干的人不使用,都是危险的。

- 尚贤者,政之本也。

  ◇ 《墨子·尚贤上》

  尊重有德行的人,是为政者的根本。

- 举贤以临国,官能以救民。

  ◇ 《晏子春秋·内篇问上》

  要推举有德行的人治理国家,任令有才能的人管理百姓。

- 距谏者塞,专己者孤。

  ◇ [汉]桓宽《盐铁论·刺议》

  拒绝直言劝告的人,言路就会闭塞;固执己见的人,往往会陷于孤立。

- 任能者责成而不劳,任己者事废而无功。

  ◇ [汉]桓宽《盐铁论·刺复》

  两句阐述合理使用人才能收到事半功倍的效果。

- 泰山不让土壤,故能成其大;河海不择细流,故能就其深;王者不却众庶,故能明其德。

  ◇ 《史记·李斯列传》

  几句以"泰山不拒绝土壤的堆积,所以能够成就它的大;河海不挑剔任何细流的汇入,所以能够成就它的深;统一天下的君王不排斥前来归附的民众,所以能够显示他的德行",强调君王只有胸襟开阔,才能包举贤士,广罗人才。

- 人君无愚、智、贤、不肖,莫不欲求忠以自为,举贤以自佐。

  ◇ 《史记·屈原贾生列传》

  自为:帮助自己。自佐:辅佐自己。国君无论愚笨或聪明,有为或无能,没有不想得到忠臣来效忠自己、选拔贤才来辅佐自己的。

举贤纳谏
JUXIAN NAJIAN

- 千羊之皮,不如一狐之掖;千人之诺诺,不如一士之谔谔。

◇ 《史记·商君列传》

掖:同"腋",狐腋之皮最为珍贵。谔谔:直言争辩的样子。以"千羊之皮不如一狐之腋珍贵"喻指能够直言争辩的人是难能可贵的。

- 士贤能而不用，有国者之耻；主上明圣而德不布闻，有司之过也。

  ◇ 《史记·太史公自序》

  贤能的读书人不被任用，是君主的耻辱；君主圣明而仁德不能宣传，是官吏的过错。

- 忠言逆耳利于行，毒药苦口利于病。

  ◇ 《史记·留侯世家》

  忠诚正直的劝告往往听起来不舒服。

- 君之所以明者，兼听也；其所以暗者，偏信也。

  ◇ [汉]王符《潜夫论·明暗》

  明：明智。暗：愚昧。兼听：多方听取意见。两句阐述"兼听则明，偏信则暗"的道理。

举贤纳谏
JUXIAN NAJIAN

- 亲贤臣，远小人，此先汉所以兴隆也；亲小人，远贤臣，此后汉所以倾颓也。

◇ [三国·蜀]诸葛亮《出师表》

贤臣：指忠诚而有才干的官吏。小人：指扰乱朝政的宦官。先汉：指西汉。兴隆：兴盛。后汉：指东汉末年。倾颓：指灭亡。诸葛亮劝谏后主刘禅要亲近贤臣，疏远小人，吸取后汉败亡的教训。

- 求贤如饥渴，受谏而不厌。

◇ 《三国志·吴书·张纮传》

厌：厌烦。两句以"求贤如渴""受谏不厌"称赞张纮十分重视人才和善于听取不同意见。

- 木从绳则正，后从谏则圣。

◇ [唐]吴兢《贞观政要·求谏》

从：依据。两句引王珪语，以"木从绳则正"告诫帝王，如能听从良言劝导就是圣明的君主。

- 为政之要,惟在得人。用非其才,必难致治。

◇ [唐]吴兢《贞观政要·崇儒学》

两句阐述执政的主要任务在于获得人才,如果选用的不是有用之才,国家就很难治理好。

- 善善不进而恶恶不退,则忠奸未别,邪正不分。

◇ [唐]张九龄《远佞》

赞扬贤良的人而不重用他,憎恨恶劣的人而不排斥他,就是忠奸不别、正邪不分。

- 川不可防,言不可弭。下塞上聋,邦其倾矣!

◇ [唐]韩愈《子产不毁乡校颂》

弭:止。几句以"河流不可以被堵住,人言不可以被制止",劝诫统治者要广开言路,否则君主就无法了解民意,国家就可能会灭亡。

- 广直言之路，启进善之门。

  ◇ ［唐］柳宗元《贺赦表》

  两句告诫为官者要开拓能够直言进谏之门，开启使人走向善良之门。

- 世有伯乐，然后有千里马。千里马常有，而伯乐不常有。

  ◇ ［唐］韩愈《杂说四·马说》

  说明伯乐的重要性，暗示埋没人才的现象相当普遍。

- 怨不在大，可畏惟人。载舟覆舟，所宜深慎。

  ◇ 《旧唐书·魏徵传》

  几句劝诫为君者要重视民怨，因为百姓像大水一样，可以浮起船，也可以使船翻沉。

- 取士之方，必求其实；用人之术，当尽其材。

    ◇ ［宋］欧阳修《详定贡举条状》

    取士：选任人才。方：方法。实：实际才学。术：技巧。论述选用人才的方法在于注重实际才学和人尽其才。

- 进苦口之药石，针害身之膏肓。

    ◇ ［宋］苏轼《乞校正陆贽奏议进御札子》

    针：针治。膏肓：古代医学称心下膈上的部位，药力难以达到，故称疾病严重为"病入膏肓"。两句比喻直言进谏以改进政务。

- 任贤使能，天下之公义。

    ◇ ［宋］苏轼《赐吕大防上第二表辞免恩命不允断来章批答》

    公义：通行的道理。任用有德行和有才能的人，是天下通行的道理。

举贤纳谏
JUXIAN NAJIAN

- 贤路当广而不当狭，言路当开而不当塞。

  ◇ 《宋史·乔行简传》

  贤路：选用贤才的路径。言路：向上提出谏言的路径。告诫人们要广纳人才，广开言路。

- 士不忘身不为忠，言不逆耳不为谏。

  ◇ [宋]欧阳修《论杜衍范仲淹等罢政事状》

  将士不能舍弃生命就算不上忠诚，意见听起来顺耳就算不上直言规劝。

15 / 法制礼仪
FAZHI LIYI

- 政宽则民慢，慢则纠之以猛。猛则民残，残则施之以宽。宽以济猛，猛以济宽，政是以和。

  ◇ 《左传·昭公二十年》

  几句是孔子对子产执政宽猛相济，使政和、使民安的赞美：政令宽大百姓就轻慢，轻慢就用严厉来纠正。严厉了百姓就受伤害，受伤害就再实施宽大。用宽大调节严厉，用严厉调节宽大，政事因此得到调和。

- 己欲立而立人，己欲达而达人。

  ◇ 《论语·雍也》

  两句引孔子语：自己想站得住，让别人也站得住；自己想行得通，让别人也行得通。

- 仁以为己任，不亦重乎？死而后已，不亦远乎？

  ◇ 《论语·泰伯》

  仁：宣传仁德。几句告诫君子应该把实现仁德当作自己的责任。

- 以不忍人之心，行不忍人之政，治天下可运之掌上。

　　◇ 《孟子·公孙丑上》

　　不忍人：不忍伤害别人。运之掌上：在手掌上玩弄东西，比喻事情很容易办成。几句阐述施行仁政的重要性。

- 刑当罪则威，不当罪则侮。

　　◇ 《荀子·君子》

　　两句的大意是：刑法使用得当则显出其权威，否则是对受罚者的侮辱。

- 凡令之行也，必待近者之胜也，而令乃行。

　　◇ 《管子·重令》

　　要使法令得以推行，首先必须使亲近的人服从法令。

● 一民之轨,莫如法。

◇ 《韩非子·有度》

　　一:统一。轨:规则。两句极言制定法律、法规的重要性。

● 国无常强,无常弱。奉法者强,则国强;奉法者弱,则国弱。

◇ 《韩非子·有度》

　　奉:执。意思是一个国家不会永远强盛,也不会永远衰弱。遵守法律法规的人多,国家就会强盛;遵守法律法规的人少,国家就会衰弱。

● 法不阿贵,绳不挠曲。

◇ 《韩非子·有度》

　　阿:逢迎。挠:迁就。两句论述法律的公正:法律不会逢迎达官显贵者,就像墨线不会迁就曲线一样。

法制礼仪
FAZHI LIYI

- 礼尚往来，往而不来，非礼也；来而不往，亦非礼也。
 ◇ 《礼记·曲礼上》

 尚：崇尚。强调人与人之间的交往是双向的、平等的，否则就违背了礼仪。

- 苟可以强国，不法其故；苟可以利民，不循其礼。
 ◇ 《商君书·更法》

 法：效法。表现作者变法图强的意识：如果新法可以使国家强盛，就不必效法旧的法令制度；如果新的法令制度可以给百姓带来好处，就不必遵循旧的礼节。

- 治国无法则乱，守法而弗变则悖，悖乱不可以持国。
 ◇ 《吕氏春秋·察今》

 悖：错误。持国：掌握国政。几句阐明立法治国应随形势的改变而改变，不审时度势、灵活变通必致败绩。

- 仁义恩厚，人主之芒刃也；权势法制，人主之斤斧也。

  ◇ ［汉］贾谊《陈政事疏》

  意思是仁义和恩德，是国君的锋芒与刀刃；权力和法制，是国君的砍刀和斧头。

- 安危在出令，存亡在所任。

  ◇ 《史记·楚元王世家》

  出令：制定法令。所任：所任用的人。两句极言法令制定得正确与否、用人是否得当关系到一个国家的安危存亡。

- 制法而自犯之，何以帅下。

  ◇ 《三国志·魏书·武帝纪》

  两句告诫制定法律条文的人不能制法而犯法。

- 法小弛则是非驳。

  ◇ ［唐］刘禹锡《天论上》

  弛：松弛。此句说明法律在执行的过程中不得有半点松弛，否则是非就会混杂不明。

法制礼仪
FAZHI LIYI

- 刑之大本，亦以防乱也。

  ◇ ［唐］柳宗元《驳复仇议》

  大本：根本作用。两句的大意是：刑法的根本作用在于可以防止祸乱。

- 使为恶者不得幸免，疑似者有所辨明。

  ◇ ［宋］欧阳修《春秋论下》

  两句论述法律的严正：作恶者不能侥幸逃脱，有疑点的人得以辨明。

- 古者以仁义行法律，后世以法律行仁义。

  ◇ ［宋］苏洵《议法》

  行：推行。两句比较古代与后世推行法律的不同之处。

- 约之以礼，驱之以法。

  ◇ ［宋］苏洵《张益州画像记》

  驱：管理。两句论述礼仪与法的关系：以礼仪来约束，用法来管理。

- 以至详之法晓天下,使天下明知其所避。

    ◇ [宋]苏轼《御试重巽申命论》

    两句的大意是:要制定极其详细的法律条文并昭告天下,使所有的人都明确知道并且不违法。

- 法令明具,而用之至密,举天下惟法之知。

    ◇ [宋]苏轼《策别第八》

    意思是法令必须明确具备,使用起来十分周密,使天底下的人都知道遵守法令。

- 任人而不任法,则法简而人重。任法而不任人,则法繁而人轻。

    ◇ [宋]苏轼《私试策问》

    几句告诫制定法律者,对人与法都不能有所偏重,否则将会导致人高于法或法律苛杂的局面。

- 有法不行,与无法同。

　　　　　　　◇ [宋]苏轼《放榜后论贡举合作事件》

　　两句的大意是:有法不依就如同无法。

- 法行于贱而屈于贵,天下将不服。

　　　　　　　◇ [宋]苏辙《上皇帝书》

　　贱:指平民百姓。贵:富贵者。两句告诫执法者要做到法律面前人人平等。

- 治国者,必以奉法为重。

　　　　　　　◇ [明]罗贯中《三国演义》第九十六回

　　奉:尊崇。两句的大意是:治理国家的人,必定将尊崇法律看得极为重要。

16 / 家庭婚姻
JIATING HUNYIN

- 积善之家，必有余庆；积不善之家，必有余殃。

    ◇ 《周易·坤》

    两句的大意是：多做善事的人家，必定多福；多做恶事的人家，必有灾祸。

- 父母之年不可不知也，一则以喜，一则以惧。

    ◇ 《论语·里仁》

    几句告诫为人子女者一定要记住父母的年龄，一方面为父母添寿而高兴，另一方面也为父母的衰老而担忧。

- 仁人之于弟也，不藏怒焉，不宿怨焉，亲爱之而已矣。

    ◇ 《孟子·万章上》

    有德行的人对于自己的兄弟，不把愤怒藏在胸中，不把怨恨留在心里，只有爱护之心。

家庭婚姻
JIATING HUNYIN

- 严家无悍虏,而慈母有败子。

  ◇ 《韩非子·显学》

  两句的大意是:管教严厉的家庭中没有凶悍的奴仆,慈母的手中常常会出现败家子。

- 贫贱之知不可忘,糟糠之妻不下堂。

  ◇ 《后汉书·宋弘传》

  糟糠之妻:共同度过患难的妻子。下堂:离开堂屋,指妻子被丈夫抛弃。两句告诫人们:即使富贵了,也不能忘记和抛弃贫困时的朋友与自己的妻子。

- 悦亲戚之情话,乐琴书以消忧。

  ◇ [晋]陶渊明《归去来兮辞》

  喜欢倾听亲戚们感情真挚的话语,乐于以抚琴读书来消除忧愁与烦恼。表达了作者决心辞官归隐的情怀。

- 兄弟不睦，则子侄不爱。

  ◇ ［北齐］颜之推《颜氏家训·兄弟》

  两句的大意是：如果兄弟之间不和睦，那么他们的儿子也不会和睦相处。

- 会桃李之芳园，序天伦之乐事。

  ◇ ［唐］李白《春夜宴桃李园序》

  序：同"叙"，叙述。两句写作者在芬芳的桃李园与兄弟宴饮，享受天伦之乐。

- 亲亲而尊尊，生者养而死者藏。

  ◇ ［唐］韩愈《送浮屠文畅师序》

  亲亲：善待亲人。尊尊：尊敬长者、尊者。养：抚养。藏：同"葬"，安葬。两句描述和乐的家庭生活：善待亲人而尊敬老人，活着的人都能得到抚养，死去的人有人送终安葬。

- 儿孙自有儿孙福,莫与儿孙作马牛。

    ◇ [元]无名氏《渔樵记》第三折

    两句以"后代自有他们自己的生活",奉劝做父母的不必为子女过分地操劳。

- 嫁女择佳婿,毋索重聘;娶媳求淑女,勿计厚奁。

    ◇ [明]朱柏庐《治家格言》

    劝说为人之父母者在嫁女儿、娶媳妇的时候要注重对方的人品而不是聘礼与嫁妆。

- 一丝为定,千金不易。

    ◇ [明]沈璟《一种情》

    两句的大意是:微小的东西可以作为定情的信物,再贵重的东西也不能改变。

- 千里姻缘着线牵,古来儿大母难专。

  ◇ [明]张四维《双烈记》

  两句喻指男女双方只要有缘分,彼此相距再远,也能结为夫妻。

- 至亲莫如父子,至爱莫如夫妻。

  ◇ [明]梁辰鱼《浣纱记》

  两句指父子间的感情最亲,夫妻间的相爱最深。

- 子孝双亲乐,家和万事成。

  ◇ [元]柯丹邱《荆钗记》

  两句以"双亲乐""万事成"形容孝顺与和睦是家庭生活的两大要素。

- 虎狼也有父子之情。

  ◇ [明]冯梦龙《喻世明言·临安里钱婆留发迹》

  此句形容父子之间的情义绝不可废。

- 做买卖不着只一时，讨老婆不着是一世。

    ◇ [明]冯梦龙《喻世明言·蒋兴哥重会珍珠衫》

    不着：不如意。两句极言结婚娶妻是头等大事，千万不可轻率。

- 当家才知柴米价，养子方晓父娘恩。

    ◇ [明]吴承恩《西游记》第二十八回

    两句的大意是：当了家才知道柴米价钱之贵，有了儿女才知道父母的恩情有多深。

- 自古妻贤夫祸少，应知子孝父心宽。

    ◇ [明]凌濛初《初刻拍案惊奇》卷一三

    两句的大意是：妻子贤惠，丈夫的灾难就少；儿子孝顺，做父亲的心里就感到宽慰。

17 / 惜时感怀

XISHI GANHUAI

- 子在川上曰：逝者如斯夫！不舍昼夜。

  ◇ 《论语·子罕》

  川上：河边。逝者：指消逝的时光。斯：这，指河水。引孔子语，意思是时间过得很快。

- 人生天地之间，若白驹之过隙，忽然而已。

  ◇ 《庄子·知北游》

  隙：空隙。忽然：时间很短。几句以"白驹过隙"形容时光飞快流逝，使人痛感美好时光实在短促。

- 一年之计，莫如树谷；十年之计，莫如树木；终身之计，莫如树人。

  ◇ 《管子·权修》

  采用层层递进的论述，极言人才的培养是一项长期而艰巨的任务。

惜时感怀
XISHI GANHUAI

- 今日不为，明日亡货。昔之日已往而不来矣。

◇ 《管子·乘马》

亡：无。劝人要珍惜时间：今天不抓紧做事情，明天便什么都没有了，过去的时间不会再来了。

- 圣人不贵尺之璧而重寸之阴。

◇ 《淮南子·原道训》

贵：重视。璧：宝玉。此句以"圣人不贵尺之璧"衬托光阴的可贵。

- 少壮真当努力，年一过往，何可攀援。

◇ [三国·魏] 曹丕《与吴质书》

攀援：拉住，挽留。几句感叹人生的短暂，劝诫人们应当珍惜时间，努力不懈。

- 岁月不居,时节如流。

    ◇ [三国·魏]孔融《论盛孝章书》

    两句的大意是:岁月不会停留,时光飞快地流逝。

- 日薄西山,气息奄奄,人命危浅,朝不虑夕。

    ◇ [晋]李密《陈情表》

    薄:接近。危浅:垂危。几句写人的寿命即将终了:早晨活着,但不能考虑晚上的事,随时都有死亡的可能。生动形象,含蕴很深,具有很强的哲理。

惜时感怀
XISHI GANHUAI

- 木欣欣以向荣，泉涓涓而始流。善万物之得时，感吾生之行休。

  ◇ ［晋］陶渊明《归去来兮辞》

  作者以"草木欣欣向荣、泉水涓涓流淌"来慨叹自己的生命将要走到尽头，写得情景交融。

- 悟已往之不谏，知来者之可追。实迷途其未远，觉今是而昨非。

  ◇ ［晋］陶渊明《归去来兮辞》

  几句抒写作者辞官归田时的思想感情：觉察到过去的错误已不可挽救，却知道未来的事情可以补救。走上迷途确实并不远，因为已经觉察到如今所做的是正确的而以前所做的是全然不对的。

- 闲云潭影日悠悠，物换星移几度秋。

  ◇ ［唐］王勃《滕王阁序》

  两句的大意是：投影深潭的闲云飘飘悠悠，物换星移不觉已过了几度春秋。

- 焚膏油以继晷,恒兀兀以穷年。

　　　　　　　　　　　◇ ［唐］韩愈《进学解》

　　焚膏油:点起灯烛。晷:日影。兀兀:劳苦之极。两句极写古人珍惜时间努力学习:点起灯烛夜以继日,经常劳苦终年不休。

- 哀白日之不与吾谋兮,至今十年其犹初。

　　　　　　　　　　　◇ ［唐］韩愈《复志赋》

　　白日:光阴。谋:商量。两句慨叹时间过得飞快,十年的光阴一晃而过。

- 天地者,万物之逆旅;光阴者,百代之过客。而浮生若梦,为欢几何?

　　　　　　　　　　◇ ［唐］李白《春夜宴桃李园序》

　　逆旅:客舍。意思是天地是万物暂时栖身的客舍,光阴是百代匆匆的过客,人生飘浮如梦,能有多少欢乐?

惜时感怀
XISHI GANHUAI

- 寄蜉蝣于天地,渺沧海之一粟。哀吾生之须臾,羡长江之无穷。挟飞仙以遨游,抱明月而长终。

◇ [宋]苏轼《赤壁赋》

作者以"蜉蝣于天地""沧海一粟"慨叹自身之渺小、生命之短暂,从而表达出希望携飞仙一起游玩,与明月永远长存的愿望。

- 白日莫闲过,青春不再来。

  ◇ [元]史九敬先《庄周梦》第二折

  白日:指时光。两句劝勉人们要珍惜大好时光,切莫虚度青春年华。

- 百年三万六千日,光阴只有瞬息间,万事犹如一梦。

  ◇ [元]柯丹邱《独步大罗天》

  即使是一百年的时间也只有三万六千天,时间转眼就会消逝。

- 古人倦夜长,尚秉烛游,况少年白昼而掷之乎?

  ◇ 《太平广记》卷十七

  秉:持。掷:抛弃。几句以古人尚且"秉烛夜游"劝诫年轻人不能白白地虚度年华。

- 勿谓寸阴短,既过难再获;勿谓一丝微,既缁难再白。

    ◇ [清]朱经《责己》

    几句以"时间过去就不会再来,丝线染黑了不会再变白"告诫人们要珍惜时间,趁年轻的时候努力学习。

- 凭轩槛以遥望兮,向北风而开襟。

    ◇ [三国·魏]王粲《登楼赋》

    两句抒发作者思乡怀土的感情:凭栏遥望,向着北面的家乡和故土迎风畅襟。

- 敞南户以对远岭,辟东窗以瞩近田。

    ◇ [南朝·宋]谢灵运《山居赋》

    两句反映出作者仕途失意而寄托于山川的感情。

- 春草碧色,春水渌波。送君南浦,伤如之何?

    ◇ [南朝·梁]江淹《别赋》

    以自然景物烘托离愁别绪,情景交融,令人回肠荡气。

- 风骚骚而树急,天惨惨而云低。

  ◇ [北周]庾信《小园赋》

  骚骚:风声。两句以"树急"表现风的凄厉声,"云低"表现天色惨淡,一片凄然的景色衬托出作者的凄思愁肠。

- 天高地迥,觉宇宙之无穷;兴尽悲来,识盈虚之有数。

  ◇ [唐]王勃《滕王阁序》

  迥:远。盈虚:指盛衰、得失、成败等。数:指天命。意思是天高地远,更觉得宇宙浩瀚无穷;乐极生悲,认识到盛衰得失自有定数。

- 物华天宝,龙光射牛斗之墟;人杰地灵,徐孺下陈蕃之榻。

  ◇ [唐]王勃《滕王阁序》

  物华天宝:物的精气光华焕发为天上的宝气。人杰地灵:人中俊杰是由于地的灵气。几句写人、物之灵:物产华美如宝剑之光直射牛、斗二星;人物杰出如高士徐稚,连陈蕃亦为之置客榻。

惜时感怀
XISHI GANHUAI

- 一在天之涯，一在地之角，生而影不与吾形相依，死而魂不与吾梦相接。

　　◇　[唐]韩愈《祭十二郎文》

　　几句表达作者对其侄十二郎的怀念之情：你我一个在天的边涯，一个在地的尽头，活着的时候你的身影不能和我相伴，死了以后你的魂魄不与我的梦境相接。

- 不观天地之富，岂知人间之贫哉！

　　◇　[明]王思任《小洋》

　　两句以"天地之富"与"人间之贫"对比，用自然界的绚丽多彩，反衬出世俗世界的庸俗和贫乏。

- 一昼一夜，华开者谢；一秋一春，物故者新。

　　◇　[明]刘基《司马季主论卜》

　　华：同"花"。意思是从早到晚仅一天的时间，盛开的鲜花已经凋谢；从秋到春不过一年，枯死的树木也会新生。

- 一息不相知,何况异乡别。

  ◇ [南朝·宋]鲍照《代东门行》

  两句形容生离死别,最为痛苦:生存尚不能预料,何况又是分离两地。

- 世上万般哀苦事,无非死别与生离。

  ◇ [明]冯梦龙《醒世恒言·白玉娘忍苦成夫》

  两句极言生离死别是人生最悲痛的事。

- 千里搭长棚,没个不散的筵席。

  ◇ [清]曹雪芹《红楼梦》第二十六回

  长棚:旧时亲友聚会之所。两句以"再好的宴席总会有散的时候"比喻人生有聚就有散。

惜时感怀
XISHI GANHUAI

- 月不胜日，时不胜月，岁不胜时。

  ◇ [东汉] 赵晔《吴越春秋·勾践入臣外传》

  强调时间的宝贵，应珍惜每一分每一秒。

- 争寸阴而弃珠宝。

  ◇ [东汉] 赵晔《吴越春秋·勾践入臣外传》

  为了争取时间可以放弃贵重之物，极言时光之可贵。

18 / 评诗论文
PINGSHI LUNWEN

- 诗言志,歌永言,声依永,律和声。

　　◇ 《尚书·舜典》

　　几句论述诗、歌、声、律间的关系:诗是表达思想感情的,歌曲是咏唱诗的语言,声音是器乐伴随咏唱的歌曲而发出的,乐律随声应和。

- 诗:可以兴,可以观,可以群,可以怨。

　　◇ 《论语·阳货》

　　意思是诗可以培养人的想象力,提高人的观察力,锻炼人的合群性。

- 不以文害辞,不以辞害志。以意逆志,是为得之。

　　◇ 《孟子·万章上》

　　几句劝勉读书人在读文章时不要拘泥于文字而误解词句,也不要拘泥于词句而误解原意,要用自己的体会去推测文章的本意。

- 歌者不期于利声而贵在中节,论者不期于丽辞而务在事实。

    ◇ [汉]桓宽《盐铁论·相刺》

    唱歌的人不求声音高尖而求合乎节拍,评论者不追求华丽的辞藻而注重所谈论的事情符合实际。

- 言,心声也;书,心画也。声画形,君子小人见矣。

    ◇ [汉]扬雄《法言·问神》

    书:文字。形:表现出来。意思是言为心声,书为心画,从一个人的谈话与文字中可以看出他是小人还是君子。

- 比不应事,未可谓喻;文不称实,未可谓是。

    ◇ [汉]王充《论衡·物势》

    比:比方。应:符合。喻:清楚,明白。称:相称,符合。是:正确。打比方如果不符合事实,就不能说清楚;写文章如果不真实,就不能说是正确的。

- 经传之文,贤圣之语,古今言殊,四方谈异也。

    ◇ [汉]王充《论衡·自纪》

    经:指儒家经典。传:指注解儒家经典的著作。经传上的文字、古圣贤的语言,由于古今语义和各地方言的不同,所以很难弄懂。

- 文章,经国之大业,不朽之盛事。

    ◇ [三国·魏]曹丕《典论·论文》

    充分肯定写作的价值:写文章是与治理国家有关的、经久不衰的大事。

- 观古今于须臾,抚四海于一瞬。

    ◇ [晋]陆机《文赋》

    两句阐述文学作品的功能:能使人在片刻间观察古今,在一瞬间驰骋四海。

- 或言拙而喻巧，或理朴而辞轻。

  ◇ ［晋］陆机《文赋》

  两句论述写文章的技巧：语言自然而设喻奇巧，道理质朴而言辞简要。

- 理郁者苦贫，辞溺者伤乱。

  ◇ ［南朝·梁］刘勰《文心雕龙·神思》

  郁：阻塞。溺：滥。思路不开阔的人写出的文章内容贫乏，文辞过滥的人写出的文章没有条理。

- 或理在方寸而求之域表，或义在咫尺而思隔山河。

  ◇ ［南朝·梁］刘勰《文心雕龙·神思》

  方寸：寸心之间。域表：外部表现，指用文字表达于外。两句的大意是：指写文章时，要表达的意思仿佛就在近处，但构思安排却像远隔山河一样的困难。

- 情者，文之经；辞者，理之纬。经正而后纬成，理定而后辞畅，此立文之本源也。

    ◇ ［南朝·梁］刘勰《文心雕龙·情采》

    经：织物的纵线。纬：织物的横线。几句以"织布时经纬线的交错"来比喻文章情理与文辞的结合，把文章的情理与文辞的主从、本末关系表达得非常明白。

- 心生而言立，言立而文明，自然之道也。

    ◇ ［南朝·梁］刘勰《文心雕龙·原道》

    几句说明写文章一定要有思想感情。

- 心既托声于言，言亦寄形于字。

    ◇ ［南朝·梁］刘勰《文心雕龙·练字》

    两句描述一个人的思想与语言、语言与文字的关系：思想寄托于语言表达出来，语言又见诸文字。

- 篇之彪炳，章无疵也；章之明靡，句无玷也；句之清英，字不妄也。

  ◇ ［南朝·梁］刘勰《文心雕龙·章句》

  彪炳：文采焕发。明靡：明白细致。几句论述写文章时篇章布局及遣词造句的重要性：整篇文章文采焕发，每一章节就没有小毛病；每章节明白细致，语句就不会出有问题；语句清秀，用字就不会出错。

- 箴者，针也，所以攻疾防患，喻针石也。

  ◇ ［南朝·梁］刘勰《文心雕龙·铭箴》

  箴：文体名，用以规诫。针石：古代治病的医疗用具。意思是箴言的作用是规劝、告诫他人，就像治病的针石一样。

- 斟酌乎质文之间，而隐括乎雅俗之际，可与言通变矣。

  ◇ ［南朝·梁］刘勰《文心雕龙·通变》

  隐括：剪裁文章的素材。几句论述写文章时如何做到继承与革新的问题：从质朴与文采方面考虑文字是否适当，从典雅与通俗方面选取文章的素材。

- 繁略殊形，隐显异术，抑引随时，变通适会。

  ◇ ［南朝·梁］刘勰《文心雕龙·征圣》

  变通：指或隐或显。几句论述文章的表现手法要有详有略，隐显有别，随时变化，以求适应。

- 书不千轴，不可以语化；文不百代，不可以知变。

  ◇ ［唐］皇甫湜《谕业》

  意思是不读千卷之书就不知道融会贯通，不读百代之文就不能通晓变异。

- 辞必高然后为奇，意必深然后为工。

  ◇ ［唐］孙樵《与友人论文书》

  工：细致。两句论述文章的措辞与立意：措辞高超然后才会奇特，立意深刻然后才会细致。

- 人所易言，我寡言之；人所难言，我易言之。

  ◇ ［宋］姜夔《白石道人诗说》

  几句阐述写作诗文要独辟蹊径、不能步人后尘的道理。

- 丰而不余一言，约而不失一辞。

    ◇ ［唐］韩愈《上襄阳于相公书》

    丰：丰富。约：简约。两句以"不余一言""不失一辞"极言写文章要言简意赅。

- 文章合为时而著，歌诗合为事而作。

    ◇ ［唐］白居易《与元九书》

    文章应该为反映时代而写，诗歌应该为反映现实而作，体现了现实主义的创作观。

- 体不备不可以为成人，辞不足不可以为成文。

    ◇ ［唐］韩愈《答尉迟生书》

    身体各器官没有发育成熟的人不能称为成人，遣词造句不够丰富通达的不能称为成功的文章。

- 铭者,所以名其善功以昭后世也。

  ◇ [宋]欧阳修《虞部员外郎尹公墓志铭》

  铭:在器物上铸刻记述事实、功绩等文字,后为古代文体的一种。名:说出。昭:明显地宣告。两句对铭这一文体的作用进行说明。

- 大凡文之用四:事以实之,词以章之,道以通之,法以检之。

  ◇ [宋]苏洵《史论上》

  几句论述文章的作用:文章所记之事必须真实,用言词彰明事理,以道义贯通情理,以法则检验事理。

- 三分诗,七分读耳。

  ◇ [宋]周密《齐东野语》

  说明诗讲究朗读,只有认真朗读才能体会其中的真情。

- 文章不难于巧而难于拙，不难于曲而难于直，不难于细而难于粗，不难于华而难于质。

  ◇ ［宋］李塗《文章精义》

  巧：奇巧。拙、直：自然朴实。曲：内容曲折。细：繁文细节。粗：简赅。华：华美。质：质朴。几句论述写文章的精要：用辞不在于奇巧而在于自然朴实，内容不在于曲折而在于平直简赅。

- 李杜数公，如金翅擘海，香象渡河，下视郊岛辈，直虫吟草间耳。

  ◇ ［宋］严羽《沧浪诗话·诗评》

  直：简直。几句将李白、杜甫的诗与孟郊、贾岛的诗进行比较，赞美李白、杜甫的诗气魄雄伟，文字精辟透彻。

- 志高则言洁，志大则辞弘，志远则旨永。

  ◇ ［清］叶燮《原诗》

  几句阐述志向远大、品行高洁的人的言辞：语言简洁，措辞雄健、思想深邃。

19 / 喜庆游乐
XIQING YOULE

- 乃瞻衡宇，载欣载奔。僮仆欢迎，稚子候门。

　　◇　[晋]陶渊明《归去来兮辞》

　　衡宇：简陋的房屋。几句描写归家时的喜悦心情及家人迎接时的喜庆场面：终于看到自己家的茅屋了，我一面欣喜一面狂奔。仆人已出来迎接我，活泼可爱的小儿子也早已等候在门庭。

- 或命巾车，或棹孤舟，既窈窕以寻壑，亦崎岖而经丘。

　　◇　[晋]陶渊明《归去来兮辞》

　　几句的意思是有时候坐着巾车，有时候划着小船。既到那幽深的山涧中探寻淙淙的溪流，也沿着崎岖的山路越过山丘。

- 群贤毕至，少长咸集。

　　◇　[晋]王羲之《兰亭集序》

　　两句描写兰亭集会的热闹场面：许多名流贤士都来到这里，老老少少大家欢聚在一起。

喜庆游乐
XIQING YOULE

- 是日也，天朗气清，惠风和畅，仰观宇宙之大，俯察品类之盛，所以游目骋怀，足以极视听之娱，信可乐也。

  ◇ ［晋］王羲之《兰亭集序》

  几句叙写人们置身于天高云淡、和风拂面的自然环境中，仰面观看无际的天宇，俯首察看大地的万物，实在是最大的欢娱。

- 虽无丝竹管弦之盛，一觞一咏，亦足以畅叙幽情。

  ◇ ［晋］王羲之《兰亭集序》

  几句写出参加宴游的人们的闲逸之情：虽然没有优美动听的音乐助兴，但边饮酒边赋诗，也可以抒发内心的情怀。

- 十旬休假，胜友如云；千里逢迎，高朋满座。

  ◇ ［唐］王勃《滕王阁序》

  十旬：十天。几句描述宴会的盛况：好友聚集如云，千里喜迎宾客，高朋坐满宴席。

- 画栋朝飞南浦云,朱帘暮卷西山雨。

  ◇ [唐]王勃《滕王阁序》

  两句盛赞滕王阁的华丽:晨光中南浦的白云缭绕着雕花的栋梁,暮霭里,彩绘的朱帘卷起西山雨。

- 层峦耸翠,上出重霄;飞阁流丹,下临无地。

  ◇ [唐]王勃《滕王阁序》

  几句极言滕王阁之壮观与高大雄伟:仰视上空,翠峰入云,飞檐彩色鲜艳如流;俯视阁下,深不见底,恍如身寄云空。

- 穷睇眄于中天,极娱游于暇日。

  ◇ [唐]王勃《滕王阁序》

  穷:竭尽。睇眄:环视。中天:半天空。娱游:娱乐,嬉游。两句的大意是:极目远眺那无际的长空,尽情游乐在短暂的假日。

- 长桥卧波,未云何龙?复道行空,不霁何虹?高低冥迷,不知西东。

  ◇ [唐]杜牧《阿房宫赋》

  几句描写阿房宫内的长桥卧于水面,疑似金龙;复道高架,仿佛天上的彩虹;楼阁高低错落,令人迷蒙。

- 歌台暖响，春光融融；舞殿冷袖，风雨凄凄。

    ◇ ［唐］杜牧《阿房宫赋》

    几句描写阿房宫中的活动，以见秦人的穷奢极欲：台上歌声酣畅，带来了融融春光，殿中舞袖飘动，使人仿佛处于凄冷的风雨之中。

- 熙然而歌，婆然而舞，持颐而笑，瞪目而倨，不知日之将暮。

    ◇ ［唐］柳宗元《陪永州崔使君游宴南池序》

    熙然：和乐的样子。婆然：形容跳舞的样子。颐：腮。几句描写人们游宴南池之乐。

- 开琼筵以坐花，飞羽觞而醉月。

    ◇ ［唐］李白《春夜宴桃李园序》

    羽觞：椭圆形两边有耳的酒杯。两句描写春夜欢宴的场面：摆好宴席大家在花丛中就座，酒杯飞快地传递着，大家在皎洁的月色中沉醉。

- 山水之乐，得之心而寓之酒也。

　　　　　　　　　　　◇ ［宋］欧阳修《醉翁亭记》

两句的大意是：欣赏山水的乐趣，领会在心里，寄托在酒上。

- 醉翁之意不在酒，在乎山水之间也。

　　　　　　　　　　　◇ ［宋］欧阳修《醉翁亭记》

两句的大意是：醉翁的情趣不在于喝酒，而在于欣赏山水的景色。

- 临溪而渔，溪深而鱼肥，酿泉为酒，泉香而酒洌。

　　　　　　　　　　　◇ ［宋］欧阳修《醉翁亭记》

几句描写人们游琅琊山之乐：到溪边垂钓，水深而鱼肥；用泉水酿酒，泉水香而酒清洌。

- 宴酣之乐，非丝非竹，射者中，弈者胜，觥筹交错，起坐而喧哗者，众宾欢也。

　　◇　[宋]欧阳修《醉翁亭记》

　　几句描写宴会上宾客们的欢乐场面。

- 禽鸟知山林之乐，而不知人之乐；人知从太守游而乐，而不知太守之乐其乐也。

　　◇　[宋]欧阳修《醉翁亭记》

　　乐其乐：以游人的快乐为快乐。用鸟儿之乐衬托游人之乐，用游人之乐衬托太守之乐。

- 夕阳在山，人影散乱，太守归而宾客从也。树林阴翳，鸣声上下，游人去而禽鸟乐也。

　　◇　[宋]欧阳修《醉翁亭记》

　　在山：照山。几句描写夕阳西下时，游人随着太守尽兴而返的场面以及游人离去鸟儿欢唱的景象。

喜庆游乐
XIQING YOULE

- 登斯楼也，则有心旷神怡，宠辱偕忘，把酒临风，其喜洋洋者矣。

  ◇ ［宋］范仲淹《岳阳楼记》

  几句描写登岳阳楼者在春光明媚之时看到美景而产生的喜悦之情。

- 官吏相与庆于庭，商贾相与歌于市，农夫相与忭于野。忧者以喜，病者以愈。

  ◇ ［宋］苏轼《喜雨亭记》

  几句描写人们久旱逢甘霖的喜悦心情：官吏们在庭府中共同庆贺，商人们在市场里一起歌唱，农夫们在田野上欢呼雀跃。忧患的人因此而高兴，患病的人因此而痊愈。

- 秋月泛湖，游之上者，未有若周君山游者之上也。

  ◇ ［清］吴敏树《君山月夜泛舟记》

  几句叙写在秋天的月夜泛舟游湖之事，作者把在洞庭湖上围绕着君山泛舟夜游当作是一种最好的神游，使月夜的洞庭湖显得幽远而神秘。

20 / 生活哲理
SHENGHUO ZHELI

- 惟天地，万物父母；惟人，万物之灵。

  ◇ 《尚书·泰誓上》

  两句的大意是：天地是世间万物的父母，而人则是世间万物中最有灵性的。

- 清浊，小大，短长，疾徐，哀乐，刚柔，迟速，高下，出入，周疏，以相济也。

  ◇ 《左传·昭公二十年》

  几句说明一切事物都是相反相成、互相补充的道理。

- 见兔而顾犬，未为晚也；亡羊而补牢，未为迟也。

  ◇ 《战国策·楚策四》

  几句为策士庄辛力谏楚襄王远离幸臣时所引用的俗语：看到兔子再回头唤猎狗，不算晚；丢失了羊后再去修补羊圈，也不算迟。后以"亡羊补牢"比喻出了差错及时补救，可避免再受损失。

- 世有无妄之福，又有无妄之祸。

　　　　　　　　　　　　◇ 《战国策·楚策四》

　　无妄：平白无故。两句告诉人们世上有不希望来到而忽然来到的祸福。

- 善作者不必善成，善始者不必善终。

　　　　　　　　　　　　◇ 《战国策·燕策二》

　　两句的大意是：善于开创的人，不一定善于完成；有好的开头，不一定有好的结局。

- 为高必因丘陵，为下必因川泽。

　　　　　　　　　　　　◇ 《孟子·离娄上》

　　为高：形成高的地势。因：凭借。为下：形成低的地势。川泽：洼地。两句说明一个极其通俗的道理：形成丘陵的地方地势高，形成洼地的地方地势低。

- 木与木相摩则然,金与火相守则流。

    ◇ 《庄子·外物》

    两句论述五行相生相克:木与木互相摩擦就会燃烧,金与火相遇则会熔化。

- 天下皆知美之为美,斯恶已。皆知善之为善,斯不善已。

    ◇ 《老子》二章

    几句论述美与丑、善与恶,富有哲理:天下的人都知道美为什么叫美,这就不是美了;天下人都知道善为什么称善,这就不是善了。

- 有无相生,难易相成,长短相形,高下相倾,音声相和,前后相随。

    ◇ 《老子》二章

    相生:相互转生。形:对照。倾:依附。音、声:古时称单一的声响为"声",众声和合为"音"。和:应和。随:伴随。几句表明自然界的一切都是相反相成的。

- 反者道之动,弱者道之用。

　　◇ 《老子》四十章

　　两句的大意是:向相反的方向变化,是"道"的运动,柔弱是"道"的作用。

- 江海所以能为百谷王者,以其善下之。

　　◇ 《老子》六十六章

　　两句的大意是:江海之所以能成为百川所汇集的地方,是因为它处在下游而能使水汇集。

- 江河之水,非一源之水也;千镒之裘,非一狐之白也。

　　◇ 《墨子·亲士》

　　镒:古代重量单位,二十两或二十四两。以"一源之水""一狐之白"与"江河之水""千镒之裘"对举,比喻事物虽少,但能积少成多。

- 理无常是，事无常非。

  ◇ 《列子·说符》

  两句告诉人们：世上没有永远正确的道理和永远错误的事情。

- 水波而上，尽其摇而复下，其势固然者也。

  ◇ 《管子·君臣下》

  几句以"水中的波涛激起达到顶点后就会落下"，比喻自然界一切事物发展变化的规律。

- 天道之数，至则反，盛则衰。

  ◇ 《管子·重令》

  几句阐述自然界一切事物发展变化的必然道理：事物发展到极点就会走向反面，发展到鼎盛就会趋向衰落。

- 视强，则目不明；听甚，则耳不聪；思虑过度，则智识乱。

    ◇ 《韩非子·解老》

    视强，指视力用得过度。听甚：指听力用得过度。智识：智力。几句用几个非常贴切的比喻，说明物极必反的道理。

- 兰生幽谷，不为莫服而不芳；舟在江海，不为莫乘而不浮。

    ◇ 《淮南子·说山训》

    莫服：无人佩戴。意思是兰草生于幽谷，不因无人佩戴而不芳香；舟船泊于江河，不因无人乘坐而沉没。

- 以绳墨取木，则宫室不成矣。

    ◇ 《吕氏春秋·离俗》

    两句的大意是：要求树木像直线一样正直，那么宫室就无法建成。

- 橘生淮南则为橘,生于淮北则为枳。

    ◇ 《晏子春秋·内篇杂下》

    两句以"橘子树生长在淮河以南就结出橘,生长在淮河以北则结出枳子"作比,阐述环境对人的影响是非常重要的道理。

- 众口之毁誉,浮石沉木;群邪所抑,以直为曲。

    ◇ [汉]陆贾《新语·辨惑》

    群邪:许多邪恶者。抑:压制。以"浮石沉木"极言人言之可畏,以"以直为曲"极言奸邪之可恶。

- 井中之无大鱼也,新林之无长木也。

    ◇ 《吕氏春秋·谕大》

    两句的大意是:水井中没有大鱼,刚种下不久的树林中没有成材的大树。

- 祸莫憯于欲利，悲莫痛于伤心，行莫丑于辱先，诟莫大于宫刑。

  ◇ ［汉］司马迁《报任安书》

  　　灾祸没有比贪图私利更悲惨了，悲哀没有比伤害心灵更痛苦了，行为没有比污辱先人更丑恶了，耻辱没有比遭受宫刑更重了。

- 强弩之极，矢不能穿鲁缟；冲风之末，力不能漂鸿毛。

  ◇ 《史记·韩长孺列传》

  　　冲风：大风。意思是强劲的弓射出的箭，到了射程的最后连绢帛也穿不透；大风刮到一定程度时，连大雁的羽毛也吹不动。

- 天道恢恢，岂不大哉！谈言微中，亦可以解纷。

  ◇ 《史记·滑稽列传》

  　　几句赞美滑稽人物的幽默诙谐：天道宽广无边，难道不是很大吗！谈笑之间稍有合乎正道，也可以排解纠纷。

- 福善之门莫美于和睦，患咎之首莫大于内离。

  ◇ 汉元帝《赐东平太后玺书》

  莫美于和睦：没有比和睦更好。咎：灾祸。莫大于内离：没有比内部离间更坏。两句阐述了"和睦是最大的幸福，内部离间是最大的祸害"的道理。

- 涓流虽寡，浸成江河；爝火虽微，卒能燎原。

  ◇ 《后汉书·周纡传》

  几句以"涓流""爝火"比喻细小的事物，说明事物虽然微小，但能积少成多的道理。

- 云厚者，雨必猛；弓劲者，箭必远。

  ◇ ［晋］葛洪《抱朴子·喻蔽》

  意思是云层积得厚，必定下大雨；弓弩强劲有力，射出的箭必远。

- 山不在高,有仙则名;水不在深,有龙则灵。

  ◇ [唐]刘禹锡《陋室铭》

  意思是山并不在于高峻,只要有仙人居住便会享有盛名;水并不在于幽深,只要有蛟龙游栖便能显示灵异。

- 草木之无声,风挠之鸣;水之无声,风荡之鸣。

  ◇ [唐]韩愈《送孟东野序》

  挠:吹。以"草木无声,风一吹就会发出萧瑟声;河水无声,风一吹就会激荡有声"说明"物不平则鸣"的道理。

- 与其有誉于前,孰若无毁于其后;与其有乐于身,孰若无忧于其心。

  ◇ [唐]韩愈《送李愿归盘谷序》

  意思是与其在人前得到赞誉,不如不被人背后诋毁;与其身体安乐,不如心里没有忧虑。

- 祸患常积于忽微,智勇多困于所溺。

  ◇ [宋]欧阳修《五代史伶官传序》

  忽微:极小的事。两句的大意是:祸患常常从极细小的地方积累起来,智勇常常受困于所溺爱的人或事。

- 人之失者,未必非得也;吾之无失者,未必非大失也。

  ◇ [清]钱大昕《弈喻》

  两句的大意是:别人所错失的,未必没有得到;而我所没有错失的,未必不是大的失误。

- 天行健,君子以自强不息。

  ◇ 《易经》

  两句意思指出天体的运行强健有力,君子应该以它为榜样,自觉地努力向上,永不停息。

- 事有必至，理有固然。

  ◇ ［宋］苏洵《辨奸论》

  两句的大意是：事情有必然发生的原因，情理有必然如此的根源。

- 月晕而风，础润而雨。

  ◇ ［宋］苏洵《辨奸论》

  晕：日月周围的光环。础：石础，柱子下面的石墩。月亮周围出现了光环，预示着将要刮风，石础返潮预示着天要下雨。

- 天下之患，最不可为者，名为治平无事，而其实有不测之忧。

  ◇ ［宋］苏轼《晁错论》

  几句告诫人们，天底下有许多事情表面看似平安无事，其实潜藏着不可预测的忧患。

- 贤者不必贵,仁者不必寿。

    ◇ [宋]苏轼《三槐堂铭》

    两句的大意是:贤明的人不一定尊贵,仁慈的人不一定长寿。

- 天下之患,莫大于不知其然而然。

    ◇ [宋]苏轼《策略第一》

    两句的大意是:天下最大的祸害是不知道祸害究竟是怎样形成的。

- 激湍之下,必有深潭;高丘之下,必有浚谷。

    ◇ [明]刘基《司马季主论卜》

    浚:深。意思是湍急的水流下面一定有深潭;峻峭的高山之下一定有深渊。

- 成立之难如升天,覆坠之易如燎毛。

    ◇ [明]庞尚鹏《庞氏家训·序》

    两句说明成家立业之难,毁败功业之易。

- 蓄极则泄，闷极则达，热极则风，壅极则通。

    ◇ ［明］刘基《司马季主论卜》

    几句论述物极必反的道理。

- 昔日之所无，今日有之不为过；昔日之所有，今日无之不为不足。

    ◇ ［明］刘基《司马季主论卜》

    意思是从前没有的东西，现在拥有它不算过分；从前拥有的东西，现在失去它不要感到遗憾。

- 良医之子，多死于病；良巫之子，多死于鬼。

    ◇ ［明］方孝孺《深虑论》

    意思是良医的儿子大都死于疾病，巫师的儿子大都死于鬼怪之手。

- 吃一分亏，受无量福。

    ◇ ［明］冯梦龙《警世通言·王安石三难苏学士》

    两句意为有时吃一点亏往往能得到更大更好的回报。

- 金舟不能凌阳侯之波,玉马不任骋千里之迹也。

 ◇ [晋]葛洪《抱朴子·喻蔽》

 阳侯:传说中的波涛之神,这里指巨大的波涛。两句指出金舟、玉马虽然珍贵,但不能乘风破浪、驰骋千里。

- 百孔千疮,随乱随失,其危如一发引千钧。

 ◇ [唐]韩愈《与孟尚书书》

 乱:治理。失:失去功效。几句描写局势的危险:好像满身都是疮痍洞孔,即使一面治理,一面却仍在溃烂。

- 感人心者,莫先乎情,莫始乎言,莫切乎声,莫深乎义。

 ◇ [唐]白居易《与元九书》

 意思是没有比感情更能打动人心的,没有比语言更为直接的,没有比声音更亲切的,没有比思想更深刻的。

- 头醋不酽彻底薄。

 ◇ [明]施耐庵《水浒传》第五十一回

 意思是做事情如开头不做好,往后就可能一直不顺当。